Kuchen, Torten und Gebäck — BE pro Stück

Mohnstreusel (Hefeteig), 100 g	3,5
Napfkuchen mit Rosinen, 70 g	3
Nussecke, 50 g	2
Nusstorte, 100 g	3,6
Obstkuchen (Hefeteig vom Blech), 100 g	2,3
Obsttörtchen, 100 g	2,9
Obsttorte (belegter Tortenboden), 130 g	3,5
Pflaumenkuchen (Hefeteig), 100 g	2,5
Quark-Obst-Torte, 100 g	1,6
Quarkstollen, 100 g	4
Quarktasche, 80 g	2
Quarktorte mit Boden, 100 g	3
Rosinenschnecke, 65 g	2,6
Rüblitorte, 120 g	4
Rührkuchen, 70 g	2,6
Sachertorte, 120 g	5
Schwarzwälder Kirsch-Torte, 120 g	3
Sandkuchen, 70 g	3
Spritzkuchen, 70 g	1,8
Streuselkuchen (Hefeteig vom Blech), 80 g	3
Windbeutel mit Sahne, 100 g	2
Zuckerkuchen (Hefeteig), 80 g	3,2

▲ Claudia Grzelak   ▲ Katja Porath

Die beiden Autorinnen haben gemeinsam in Berlin ihre Ausbildung zur Diätassistentin absolviert, Katja Porath hat anschließend Ökotrophologie studiert. Dass Kuchen backen Spaß macht und auch für Diabetiker überhaupt kein Problem ist, stand schon während ihrer Ausbildung fest. Nachdem beide nun beruflich getrennte Wege gehen – Claudia Grzelak arbeitet in der Ernährungsberatung im Austenat Diabetes Center in Berlin, Katja Porath in der Ernährungsberatung bei der xx-well.com AG Berlin –, haben sie für dieses Buchprojekt wieder gemeinsam den Kochlöffel geschwungen.

Claudia Grzelak
Katja Porath

Das Backbuch für Diabetiker

▍ Von süß bis pikant:
  77 Rezepte, die allen schmecken

Genuss pur – 77 köstliche Backideen

▮ Liebe Leserinnen, liebe Leser	7

Kleine Backschule

▮ Was macht den Kuchen süß?	10
▮ Backen mit Süßstoff – leichter als gedacht	12
▮ Ist Fett gleich Fett?	13
▮ Kalorienbewusstes Backen	16
▮ Know-how rund ums Backen	18
▮ Kleine Pannenhilfe	21
▮ Rund ums Einfrieren	22

Kuchen, Teilchen, Gebäck und pikante Spezialitäten

▮ Kuchenklassiker

– Apfelkuchen sehr fein	26
– Gugelhupf	27
– Käsekuchen	28
– Englischer Teekuchen	29
– Himbeer-Biskuitrolle	30
– Schwarzwälder-Kirsch-Torte	32
– Apfeltorte	33
– Klassischer Pflaumenkuchen	34
– Marmorkuchen	36
– Mohntorte	37

▮ Modetorten

– Kokostraum	38
– Zebrakuchen mit Pfirsich	40
– Exotische Minztarte	41
– Traubentorte	42
– Saftige Möhrentorte	43
– Erdbeeren auf Mohnwolke	44
– Latte-Macchiato-Torte	46
– Baileys-Kirsch-Torte	47
– Valentinsherz	48

Inhalt

Obstkuchen
- Blaubeer-Buttermilch-Kuchen 50
- Kirsch-Streusel-Kuchen 51
- Quitten-Sanddorn-Kuchen 52
- Ananaskuchen mit Kokos-Sahne 53
- Stachelbeer-Schmand-Torte 54
- Rhabarberkuchen mit Baiserhaube 56
- Aprikosen-Wähe 58
- Birnen-Tarte 59
- Bunte Beerentorte 60
- Erdbeerkuchen vom Blech 62

Ruck-zuck
- Mango-Joghurt-Torte 64
- Mandarinen-Melonen-Kuchen 65
- Pfirsich-Melba-Torte 66
- Orangen-Schnitten 67
- Käsekuchen ohne Boden 68
- Rahmkuchen mit Johannisbeeren 70
- Schneller Kokos-Bienenstich 71
- Kanarischer Bananenkuchen 72
- Nusskuchen 73
- Maracujacremetorte 74
- O-Saft-Torte 76
- Saftiger Brotkuchen 77

Kleingebäck
- Mirabellenkränze 78
- Clafoutis 79
- Früchteriegel 80
- Quark-Kissen 81
- Marmorwaffeln 82
- Wiener Buchteln 84
- Marzipanmuffins 85
- Schokomuffins 86
- Brownies light 88
- Bunte Obstblumen 90
- Rhabarber-Taschen 91

Weihnachtliches
- Tarte tatin 92
- Winterlicher Glühweinkuchen 93
- Nougat-Marzipan-Kuchen 94
- Gewürzkuchen 95
- Weihnachtlicher Früchtemix 96

Genuss pur – 77 köstliche Backideen

– Spekulatiustorte	98
– Lebkuchen	99
– Walnusskuchen	100
– Weiße Vanillekipferl	102
– Nussmakronen	103
– Schoko-Zimt-Sterne	104

▍ Pikantes

– Olivenschnecken	106
– Kürbis-Tarte	108
– Lachs-Miniquiches	109
– Pizzaecken Toskana	110
– Focaccia	112
– Käse-Kräuter-Muffins	113
– Flammkuchen	114
– Spinat-Käse-Taschen	115
– Forellen Pizettes	116
– Pikante Partybrötchen	118
– Schinkenhörnchen	119

▍ Festliches

– Osterkranz	120
– Champagner-Torte	121
– Fanta Geburtstagskuchen	122

Vorwort

Liebe Leserinnen, liebe Leser

Anlässe fürs Backen gibt es jederzeit. Zu Ostern, zu Weihnachten, zum Geburtstag, zum Picknick – Selbstgebackenes ist immer etwas ganz Besonderes. Leider enthalten aber gerade Backwaren häufig viele Kohlenhydrate und große Mengen Fett auf kleinem Volumen. Das schadet zum einen der schlanken Linie und zum anderen der stabilen Blutzuckereinstellung für Diabetiker.

Was ist schöner als Genuss ohne Reue? Das ist die Grundidee unseres Backbuches; denn als Ernährungsexperten werden wir häufig nach Rezeptideen gefragt, die vollen Geschmack und diätetisches Know-how verbinden. Auch wenn dieses Backbuch speziell für Diabetiker entwickelt wurde, haben wir darauf geachtet, verführerisches Backwerk zu kreieren, das allen schmeckt.

Während unserer langjährigen Beratungs- und Schulungstätigkeit in den Bereichen Diabetes, Gewichtsreduktion und gesunde Ernährung haben wir diverse Rezepte erprobt, die wir nun erstmalig allen Backfreunden zugänglich machen möchten. Auf Basis aktueller wissenschaftlicher Empfehlungen haben wir für Sie 77 Rezepte entwickelt und zusammengestellt – von Klassikern über Modetorten bis hin zu pikantem Kleingebäck: Jedes Rezept enthält genaue Angaben zu Kalorien, Fett, Eiweiß und Kohlenhydraten inklusive Berechnung der Broteinheiten (BE).

In den Rezepten werden Halbfettmargarine und Butter oder gesundes Pflanzenöl, Süßstoff und Zucker ihren Eigenschaften entsprechend verwendet. Unser Buch eignet sich für alle Arten von Genießern. Für Diabetiker, die ihren Kuchen unkompliziert zubereiten wollen, für Lowfat-Bäcker, die backen wollen, ohne dass der Genuss auf der Strecke bleibt, für Kreative, für Anfänger und Könner – kurzum für alle, die gern backen und leckere Backwaren genießen. Wir wünschen Ihnen viel Spaß beim Lesen, Nachbacken und „Genuss ohne Reue" bei bestem Appetit!

Claudia Grzelak und Katja Porath

Kleine Backschule

In den letzten Jahren haben sich die Ernährungsempfehlungen für Menschen mit Diabetes grundlegend gewandelt: Weg von Verboten und strenger Diät hin zu einer gesunden Mischkost, die sich im Wesentlichen nicht mehr von der allgemein empfohlenen Ernährung unterscheidet.

Kleine Backschule

Was macht den Kuchen süß?

Süß ist die bevorzugte Geschmacksrichtung der Menschen. Daher mögen viele nur ungern auf Süßes verzichten. Hauptziel der Diabetesbehandlung ist ein möglichst normnaher Blutzuckerspiegel. Es ist heute erwiesen, dass dieses Ziel mit einer Ernährung, die auch Zucker (Saccharose) enthält, nicht schwerer zu erreichen ist, als mit einer zuckerfreien Diät, so kann der Zuckeranteil der Diabetes-Kost bei etwa 10 Prozent der täglich aufgenommenen Energiemenge liegen. Das entspricht einer Menge von etwa 30 bis 50 g am Tag (unter Berücksichtigung der Kalorien und des Blutzuckers).

Fruchtzucker und andere Zuckeraustauschstoffe spielen heute in der Diabetes-Kost eine untergeordnete Rolle. Sie sind Kalorienlieferanten und haben gegenüber der Verwendung von üblichem Zucker (Saccharose) für Menschen mit Diabetes keine nennenswerten Vorteile. Zucker hat allerdings den Nachteil, dass er nicht nur süß schmeckt, sondern auch reichlich Kalorien liefert. Künstliche Süßstoffe dagegen sind kohlenhydrat- und energiefrei und werden zum Einsparen von Kalorien genutzt. Zum Süßen sind nur kleine Mengen nötig, da Süßstoffe eine wesentlich stärkere Süßkraft als Haushaltszucker haben. In haushaltsüblichen Mengen verzehrt, sind sie grundsätzlich ungefährlich.

Generell gilt: Um „schnelle Kohlenhydrate" und überflüssige Energie einzusparen, sind verschiedene Süßungsmöglichkeiten gegeben. Im Folgenden dazu wertvolle Tipps:

Was macht den Kuchen süß?

Haushaltszucker – Saccharose

Beim Backen für Diabetiker muss nicht auf Zucker verzichtet werden – zumal Zucker auch als Volumengeber dient. Es gilt aber, diesen auf ein notwendiges Minimum zu reduzieren. Bei üblichen Rezepten ist die Zuckerangabe meist sehr hoch. Diese kann häufig um die Hälfte, meist aber mindestens um ein $^1/_3$ verringert werden. Das Gebäck schmeckt dann immer noch süß genug, aber Kalorien und „schnelle BE's" werden gespart.

Puderzucker

Während Haushaltszucker universell einsetzbar ist, eignet sich feiner Puderzucker besonders für die Herstellung von Baiser oder feinem Gebäck in der Patisserie. Puderzucker ist immer dann gefragt, wenn sich das süße Kristall schnell auflösen soll, etwa für Marzipan oder Zuckerglasuren. Auch hier gilt: Gebäck nicht unter dicken Zuckergussschichten verschwinden lassen, sondern möglichst sparsam bestreichen.

Ahornsirup

Charakteristisch für das „flüssige Gold" ist sein leicht nussiger und süßer Geschmack. Die Süßkraft ist geringer als die des Zuckers, jedoch ist die Blutzuckerwirksamkeit in etwa gleich. Somit stellt Ahornsirup geschmacklich durchaus eine interessante Alternative dar, bietet aber für den Diabetiker keine nennenswerten Vorteile. Da Ahornsirup leicht karamellisiert, muss die Ofentemperatur um 20 Grad reduziert werden.

Honig

Das Naturprodukt ist vor allem in der Vollwertbäckerei sehr beliebt. Zum Backen eignen sich besonders der milde Akazienhonig, Bergblütenhonig oder der kräftige Waldhonig. Durch seinen Einsatz lassen sich keine „schnellen BE's" sparen – Kalorien und Kohlenhydratgehalt entsprechen dem des Zuckers. Da Honig schneller als Zucker bräunt, sollte man das Backwerk kurz vor Ende der Backzeit mit Pergament abdecken – so wird der Kuchen nicht zu dunkel.

Kleine Backschule

Backen mit Süßstoff – leichter als gedacht

Zum Süßen können Diabetiker problemlos Süßstoffe verwenden. Süßstoffe haben keinen Einfluss auf den Blutzuckerspiegel, sind fast kalorienfrei und wirken im Gegensatz zu Zuckeraustauschstoffen nicht abführend. Folgende Süßstoffe mit unterschiedlich hoher Süßkraft sind in Deutschland zugelassen:

- Acesulfam
- Aspartam
- Aspartam-Acesulfam-Salz
- Cyclamat
- Neohesperidin DC
- Saccharin
- Sucralose
- Thaumatin

Der Umgang mit Süßstoffen ist für manche noch immer mit Unsicherheiten behaftet. Fragen wie „Wie viel kann ich davon nehmen?" oder „Kann ich damit auch backen?" werden immer wieder gestellt. Daher möchten wir im Folgenden zeigen, wie Rezepte mit Süßstoff ergänzt werden können.

Sparsam verwenden

Generell ist es wichtig, dass Süßstoffe sparsam dosiert werden, da es aufgrund der hohen Süßkraft schnell zu einer Überdosierung kommen kann. Daher sollte zuerst mit einer geringen Menge gesüßt und abgeschmeckt werden. Das Abschmecken ist auch deshalb wichtig, weil sich der süße Geschmack in jedem Lebensmittel unterschiedlich entwickeln kann. Der süße Geschmack wird zum Beispiel bei warmem Gebäck schneller und stärker wahrgenommen als im kalten Zustand.

Die folgenden Dosierungsangaben können als Richtlinie für die Dosierung der drei Darreichungsformen von Süßstoffen benutzt werden:

Darreichungsform	Dosierung
Süßstoff Tabletten	1 Tablette = ca. 1 TL Zucker bzw. 1 Stück Würfelzucker
Süßstoff, flüssig	8 Tropfen = 1 TL Zucker; 25 Tropfen = 1 EL Zucker; 7,5 ml = 100 g Zucker
Streusüße	10 g Streusüße = 100 g Zucker

Ist Fett gleich Fett?

Backen ganz ohne Fett funktioniert leider nicht. Als Geschmacksträger ist Fett in Backwaren unerlässlich. Fett ist in vielen Teigen auch aus Volumengründen und für die Teigbeschaffenheit notwendig. Der Verzehr von Kuchen und Torten lässt sich, aufgrund des hohen Fettgehaltes, jedoch selten mit den Empfehlungen der gesunden Ernährung vereinbaren.

Gehaltvoller als andere Nährstoffe

Jedes Gramm Fett in unserer Nahrung liefert 9 Kalorien und damit mehr als doppelt so viel wie die anderen Hauptnährstoffe Kohlenhydrate und Eiweiß mit jeweils 4 Kalorien pro Gramm. Höchstens 30 Prozent (ca. 60 bis 80 g) des täglichen Energiebedarfs sollen aus Fett geliefert werden, in der Realität sind es häufig ca. 45 Prozent (ca. 100 g) – das Zuviel an Kalorien macht sich schnell auf der Waage bemerkbar.

Fett macht fett

Eine fettarme Ernährung unterstützt die Gewichtsreduktion und verringert dadurch das Risiko, an aus dem Übergewicht resultierenden Krankheiten, wie z. B. Arteriosklerose und Herz-Kreislauf-Erkrankungen, zu erkranken. Der überwiegende Anteil der Diabetiker ist übergewichtig, als wichtige Maßnahme gilt es daher, das Körpergewicht zu reduzieren.

MEHR WISSEN

Vorsicht: versteckte Fette

In Kuchen und Co. sind die Hauptfettlieferanten Butter und Sahne, aber auch das versteckte Fett aus Marzipan, Kokosraspeln, Mandeln, Nüssen, Eiern oder Kuvertüre lassen den Fettgehalt eines harmlos aussehenden Kuchens in die Höhe treiben. Mit ein paar Tricks und Tipps lassen sich in vielen Backrezepten Fettkalorien sparen.

Kleine Backschule

Butter und Margarine

In den meisten Teigarten werden üblicherweise größere Mengen Fett in Form von Butter, Margarine oder Öl verbacken. Die Kalorienzufuhr durch diese Fette ist immens. Es ist ein in der Praxis häufig verbreiteter Irrglaube, durch einfachen Austausch von Butter in Margarine Fett einsparen zu können. Weniger auf dem Fettkonto zu verbuchen haben hingegen Joghurt- oder Halbfettbutter sowie Halbfettmargarine. Mit etwa 40 Prozent Fett enthalten diese Produkte weniger als die Hälfte des Fettes der Standardprodukte und lassen sich dennoch bestens zum Backen verwenden. Pflanzliche Öle und Margarinen sind cholesterinfrei und liefern gesunde einfach und mehrfach ungesättigte Fettsäuren, Butter hingegen ist ein exzellenter Geschmacksgeber.

Gut zu ersetzen: Sahne

Der Dickmacher Schlagsahne enthält 30 g Fett pro 100 g und sollte daher nur sparsam verwendet werden, Crème fraîche und Crème double stehen mit 30 Prozent bzw. 40 Prozent der Sahne in nichts nach. Diese „Fettbomben" lassen sich gut gegen fettarme Milchprodukte wie Joghurt, Dickmilch, Quark oder Buttermilch tauschen. Als Alternative sind ebenfalls pflanzliche Schlagcremes (z. B. Rama Cremefine zum Schlagen, Schlagfix von Leha) zu empfehlen, die im Vergleich zu Sahne cholesterinfrei sind, weniger Fett enthalten (15–19 Prozent Fett, je nach Sorte) und aufgrund der bis zu 400-prozentigen Volumenvergrößerung beim Schlagen auch sparsamer eingesetzt werden können. Crème légère oder balance haben mit ca. 15 Prozent Fett nur halb so viel Kalorien wie die ursprünglichen Produkte.

Ist Fett gleich Fett?

Unverzichtbar für Kuchen: Eier

Hühnereier übernehmen beim Kuchenbacken entscheidende Aufgaben. Gemeinsam mit dem Mehl festigen sie die Krume des Gebäcks. Das Eigelb ist sowohl wasser- als auch fettlöslich. Das hilft, alle Zutaten zu einem glatten Teig zu verbinden.

Der Dotter enthält in seinem Fettanteil allerdings sehr große Mengen an Cholesterin. Der hohe Fettanteil ist auch dafür verantwortlich, dass der Energiegehalt des Dotters bei 377 kcal bzw. 1575 kJ pro 100 Gramm liegt. Daher sollte beim fettarmen Backen darauf geachtet werden, den Eigelbanteil möglichst geringzuhalten.

Dem Eiklar fehlt Fett fast vollständig, wodurch wiederum auch kein Cholesterin enthalten ist und auch der Energiegehalt deutlich tiefer liegt. Beim Backen sorgt geschlagenes Eiweiß für einen lockeren Teig. Aufgrund der unterschiedlichen Zusammensetzung von Dotter und Eiklar wird auch verständlich, weshalb in der Küche die Eier oft getrennt verarbeitet werden.

Mehl

Der Garant für einen gelungenen Kuchen ist die Verwendung des richtigen Mehls. Für Feinbackwaren wird häufig auf Weizenmehl zurückgegriffen. Je nach Ausmahlungsgrad des Korns unterscheidet man zwischen Vollkorn- und Typen-Mehlen. Die Mehltype gibt den Mineralstoffgehalt (Mineralstoffe) eines Mehles in mg pro 100 g Mehl-Trockensubstanz an. Die Mehltypen stehen in Beziehung zum Ausmahlungsgrad. Je höher der Ausmahlungsgrad, desto höher ist der Mineralstoffgehalt und damit die Mehltype. Günstig für die gesunde Ernährung sind daher Mehle mit einer hohen Mehltype.

Der wichtigste Vertreter in der heimischen Backstube ist das Mehl der Type 405. Dieses enthält zwar eine geringere

Kleine Backschule

Menge an Mineralstoffen (405 mg pro 100 g Mehl) als Mehle mit einer höheren Typenzahl, nimmt aber viel Flüssigkeit, Ei und Fett auf und verbindet die Zutaten so zu besonders glatten, gleichmäßigen und formbaren Teigen.

MEHR WISSEN

Broteinheit

Für Diabetiker ist die genaue Kenntnis des Nährstoffgehalts von Lebensmitteln sehr wichtig. Nur so ist eine gute Blutzuckereinstellung möglich. In der Behandlung des Diabetes wird häufig von Broteinheiten (BE) oder Kohlenhydrateinheiten (KHE) gesprochen. Hierbei handelt es sich um die Menge an verdaulichen Kohlenhydraten.

1 BE = 12 g verdauliche Kohlenhydrate
1 KHE = 10 g verdauliche Kohlenhydrate

Die Erfahrung der letzten Jahre hat jedoch gezeigt, dass eine übertriebene Genauigkeit hier nicht gerechtfertigt ist. Die BE hat sich daher als eine Schätzgröße (10 bis 12 g verdauliche Kohlenhydrate) etabliert.

Kalorienbewusstes Backen

Der Teig

Schon die Teigauswahl entscheidet, ob ein Kuchen mehr oder weniger Fett enthält. Wenig Fett steckt in Biskuit-, Hefe- und Quark-Öl-Teig. Die meist fettreicheren Rühr- und Mürbeteige gelingen genauso gut, wenn sie mit Halbfettmargarine bzw. -butter oder weniger Öl zubereitet werden. Quark kann gut einen

Kalorienbewusstes Backen

Kondensmilch mit 4 oder 7,5 Prozent Fett kann anstelle von Sahne Verwendung finden, wenn das Steifschlagen nicht erforderlich ist; z. B. bei einem Guss für Obstkuchen. Mit pürierten Früchten kann man ebenfalls kalorienbewusst tolle Füllungen kreieren oder Torten verzieren.

Teil der Margarine oder Butter im Teig ersetzen. Bis zur Hälfte der Fettmenge kann durch die doppelte Menge an Quark getauscht werden.

Die Füllung

In einem Backrezept lässt sich der Fettgehalt und somit die Gesamtkalorienzufuhr auf einfachem Wege oft deutlich reduzieren. So kann ein Teil der Sahne z. B. durch Magerquark oder fettreduzierten Frischkäse ersetzt werden.

Viele Sahnecremes werden durch die Verwendung von fettarmem Joghurt kalorienärmer. Für die lockere, luftige Konsistenz sorgt dann steif geschlagenes Eiweiß, welches vorsichtig unter die Creme gehoben wird.

Die Backformen

Kuchenformen werden in verschiedenen Ausführungen angeboten, sie unterscheiden sich in Material, Größe und Form. Backformen aus Schwarzblech nehmen im Gegensatz zu Weißblechformen die Wärme schnell auf und leiten sie gut an den Teig weiter, zudem macht die Antihaftbeschichtung das Einfetten so gut wie überflüssig.

Kleine Backschule

Hilfreich: Backpapier

Durch das Verwenden von Backpapier lassen sich ebenso „Fettkalorien" sparen. Genormter Backpapierzuschnitt muss z.B. nur noch auf das Backblech gelegt werden. Bei dem Einsatz von Springformen kann Backpapier auf den Boden gelegt, die Form mit dem Rand umschlossen und überstehendes Papier abgeschnitten werden.

Sparsam einfetten

Muss eine Form eingefettet werden, z.B. eine Napfkuchen- oder Kastenform, so sollte das Fett (flüssige Butter oder Margarine) sparsam, am besten mit einem Backpinsel, verteilt werden. Formen für Kleingebäck wie beispielsweise Muffins müssen nicht eingefettet werden. Dieses so genannte Muffinblech statten Sie einfach mit speziellen Papierförmchen aus.

Silikon: nichts klebt mehr fest

Eine neuere Alternative zu herkömmlichen Backformen stellen flexible Formen aus Silikon dar; diese müssen überhaupt nicht eingefettet werden. Der Kuchen backt dennoch nicht an und lässt sich leicht aus der Form lösen. Ebenso geeignet sind wieder verwendbare Dauerbackfolie oder Backmatten aus Silikon. Gerade für Plätzchen der Weihnachtsbäckerei sind die Backmatten perfekt geeignet: Sie lösen sich von der Matte ohne kaputt zu gehen.

Know-how rund ums Backen

Mengenangaben

In Backbüchern werden Mengen- und Nährwertangaben häufig abgekürzt. In dem vorliegenden Backbuch finden die folgenden Abkürzungen Verwendung:

F	Fett
KH	Kohlenhydrate

E	Eiweiß
kcal	Kilokalorien
BE	Broteinheit (10 bis 12 g Kohlenhydrate)
ca.	circa
cm	Zentimeter
Ds.	Dose

Know-how rund ums Backen

EL	Esslöffel
g	Gramm
kcal	Kilokalorien
mg	Milligramm
ml	Milliliter
Msp	Messerspitze
Pck.	Päckchen
TK	Tiefkühl-...
TL	Teelöffel

Wiegen und Messen

In Backrezepten findet die Mengenangabe der Zutatenliste oft in Löffelmaßen statt. Folgende Angaben gelten für leicht gehäuftes Normalbesteck:

1 TL	Backpulver	5 g
1 EL	Butter/Margarine	10 g
1 EL	Honig	20 g
1 EL	Kakao	10 g
1 EL	Kokosraspel	5 g
1 EL	Konfitüre	15 g
1 EL	Mehl	10 g
1 EL	Milch	15 g
1 EL	Öl	10 g
1 EL	Puderzucker	10 g

1 EL	Quark	30 g
1 EL	Sahne	10 g
1 EL	Speisestärke	10 g
1 EL	Zucker	15 g

Temperatur der Zutaten

Milch, Eier und Butter sollten früh aus dem Kühlschrank genommen und zimmerwarm verarbeitet werden. Die Ausnahme: Für Mürbeteig kalte Butter verwenden, den Teig rasch verkneten und erneut kühl stellen. Eiweiß für Baiser wird am besten kühlschrankkalt aufgeschlagen.

Teig ausrollen

Die Fläche und die Teigrolle mit Mehl bestreuen. Den Teig immer wieder diagonal ausrollen. Zum Ausrollen von Plätzchenteig eignet sich das Ausrollen zwischen Folie. Dazu am besten zwei große Gefrierbeutel aufschneiden, den Teig dazwischenlegen und wie gewohnt ausrollen. Die obere Folie entfernen und Plätzchen ausstechen. Lassen diese sich nur schwer von der Folie lösen, diese mit der Folie kurz ins Gefrierfach legen.

Kleine Backschule

Je weniger Mehl beim Ausrollen untergearbeitet wird, desto feiner wird das Backwerk. Wirken Plätzchen nach der angegebenen Backzeit noch zu weich, auf dem Blech oder Küchenrost abkühlen lassen.

Die richtige Hitze

Backen ohne Umluft	Mit Umluft	Mit Gas
100 Grad	80–90 Grad	Stufe 1/2
150 Grad	140 Grad	Stufe 1
180 Grad	160 Grad	Stufe 2
200 Grad	180 Grad	Stufe 3
225 Grad	200 Grad	Stufe 4
250 Grad	220 Grad	Stufe 5

Achtung Leichte Temperaturschwankungen sind beim Ofen – je nach Hersteller – immer gegeben. Daher ist es wichtig, im letzten Viertel der Backzeit öfter nach dem Gebäck zu schauen und je nach Erfahrung die eigene „Bestzeit" neben das Rezept zu schreiben.

Garprobe

Mit Hilfe eines Holzstäbchens lässt sich prüfen, ob ein Kuchen fertig gebacken ist. Dafür das Stäbchen in die dickste Stelle des Kuchens stechen. Wenn keine Krümel haften bleiben, ist der Kuchen gar. Mürbe- und diverse Plätzchenteige trocknen nach dem Backen nach und sollten daher in noch relativ weichem Zustand aus dem Ofen genommen werden.

Schmuck fürs Gebäck

Flüssiger Zuckerguss lässt sich flächig gut mit einem Pinsel auftragen. Für feine Verzierungen den Guss in kleine Tüten aus Pergamentpapier oder einen Gefrierbeutel geben, eine Ecke abschneiden und Plätzchen und Kuchen dann verzieren.

Aufbewahren

Plätzchen und Kuchen müssen vor dem Verpacken komplett ausgekühlt sein. Auch der Guss sollte vollständig getrocknet sein. Am besten werden verschiedene Gebäcksorten getrennt aufbewahrt, z. B. weiche nicht mit knusprigen.

Kleine Pannenhilfe

Kleine Pannen können selbst dem erfahrensten Bäcker unterlaufen. Mit folgenden Tricks und Tipps kann Abhilfe geschaffen werden.

Dunkler Rand
Ist der Kuchenrand verbrannt, kann ein verstellbarer Tortenring aus Metall (geringfügig kleiner als der Kuchen) in den Kuchen gedrückt und somit der Rand weggestanzt werden.

Trockener Kuchen
Ein zu trockener Rührkuchen wird wieder saftig, wenn man ihn mehrmals (z. B. mit einem Holzstäbchen) einsticht und mit Fruchtsaft oder Likör beträufelt.

Brüchiger Teig
Sollte Mürbeteig beim Ausrollen brechen oder bröseln, so kann er – zu Kugeln geformt – in die Form gegeben und mit der Hand flach gedrückt werden.

Haftendes Backpapier
Am Biskuitteig haftendes Backpapier lässt sich gut ablösen, wenn etwas Wasser auf das Papier geträufelt und nach kurzer Einziehzeit entfernt wird.

Rutschende Torten
Torten rutschen nicht von der Platte, wenn der untere Boden vor dem Garnieren mit einigen Tropfen Honig fixiert wird. Eine Torte mit mehreren Schichten gelingt am besten, wenn jede einzelne Füllung fest wird, bevor man den nächsten Boden darauf setzt.

Klumpende Gelatine
Gelatine klumpt nicht, wenn sie nach dem Einweichen nicht direkt in die zu gelierende Masse gegeben wird, sondern aufgelöst, mit 1 bis 3 EL der kalten Masse angerührt und erst dann in die zu gelierende Masse eingerührt wird. Gelatineklümpchen lösen sich im heißen Wasserbad unter Rühren wieder auf.

Kleine Backschule

Rund ums Einfrieren

Sowohl der Teig, vorgebackene Böden als auch komplette Torten, Kuchen oder Kekse lassen sich gut einfrieren. Die meisten Teig- und Kuchensorten können drei Monate „auf Eis gelegt" werden, Rührkuchen und Blätterteig sogar bis zu sechs Monate. Als weniger geeignet erweisen sich Gebäcke wie Baiser und Käsekuchen. Diese können durch das Einfrieren nicht nur an Geschmack verlieren, sondern werden auch zäh, grießig oder feucht.

Je frisch desto besser
Je frischer die Backware vor dem Einfrieren ist, umso besser schmeckt sie nach dem Auftauen. Daher gilt: Die Backwaren vor dem Einfrieren auf Zimmertemperatur abkühlen lassen und verpackt sofort einfrieren.

Die richtige Verpackung

Damit der so genannte Gefrierbrand nicht den Geschmack des Gebäcks beeinflussen kann, gilt es hier die Backwaren sorgfältig zu verpacken. Das Verpackungsmaterial muss kältebeständig sein (darf bei tiefen Temperaturen nicht spröde werden) und darf weder Luft noch Feuchtigkeit durchlassen. Geeignet sind sowohl Alu- und Frischhaltefolie, Gefrierbeutel als auch frostbeständige Kunststoffbehälter.

Biskuitböden oder Torten werden am besten auf einer festen Platte stehen gelassen und mit Alu- oder Frischhaltefolie umhüllt. Sollte keine geeignete Platte zur Hand sein, kann einfach ein Stück Pappe auf Kuchengröße zurechtgeschnitten und in Alufolie gekleidet werden. Als sehr praktisch erweist es sich, wenn Kuchen vor dem Einfrieren in Stücke geschnitten wird, so können bei Bedarf die Stücke portionsweise entnommen werden.

Bei verzierten Torten empfiehlt es sich, kleine Holzstäbchen in die Oberfläche zu stecken, damit die Verzierung nicht beschädigt wird.

Tipp
Direktes Einfrieren in der Backform eignet sich für Kuchen, die im Backofen aufgetaut werden sollen. Bei Blechku-

Rund ums Einfrieren

chen bietet es sich an, diesen in Stücke zu schneiden und mit Hilfe von Pergamentpapier schichtweise in verschlossenen Behältern zu stapeln.

Auftauen

Auftauen kann das Gebäck entweder im Kühlschrank (ca. 15 Stunden) oder bei Zimmertemperatur (ca. 8 Stunden). Die Auftauzeit ist ganz einfach immer von der Größe abhängig. Trockene Kuchen oder Obstkuchen schmecken wie frisch gebacken, wenn man den Kuchen bei 100 Grad im vorgeheizten Backofen auftaut.

Hefeteig kann bereits geformt (z.B. als Zopf) oder ungeformt eingefroren werden, und zwar bevor der Teig geht. Trockenes Gebäck sollte zum Auftauen in der Verpackung gelassen werden, damit es nicht an Feuchtigkeit verliert.

Im Umluftofen mit eingeschaltetem Kaltluftgebläse tauen Kuchen schneller als bei Zimmertemperatur auf. Wenn schon vor dem Backen feststeht, dass der Kuchen eingefroren werden soll, ist es möglich, die Backzeit zu verkürzen und den Kuchen später bei gleicher Backtemperatur fertig zu backen.

Kuchen mit Glasur immer erst nach dem Auftauen glasieren, da die Glasur sonst weich und feucht wird und an Farbe verlieren kann.

Kuchen, Teilchen, Gebäck und pikante Spezialitäten

Ob Klassiker, leichte Obstkuchen oder raffinierte Spezialitäten – ab sofort dürfen Sie ohne Reue zugreifen.

Apfelkuchen sehr fein – so hat ihn die Großmutter gebacken

Apfelkuchen sehr fein
für eine Springform (∅ 26 cm) – ergibt 16 Stücke

gut einzufrieren

3	Eier
3 EL	Wasser, heiß
90 g	Zucker
1 Pck.	Vanillin-zucker
1	Prise Salz
200 g	Mehl (Type 405)
2 TL	Backpulver
750 g	Äpfel
2 EL	Puderzucker

zubereiten: 35 Min.
backen: ca. 35 Min.

- Den Backofen auf 180 Grad vorheizen (Umluft 160 Grad). Für den Biskuitteig die Eier trennen, Eigelbe mit 3 EL heißem Wasser verrühren, 50 g des Zuckers und Vanillinzucker zugeben und alles schaumig schlagen.

- Die Eiweiße mit Salz steif schlagen, restlichen Zucker einrieseln lassen und auf die Eigelbcreme geben. Mehl mit Backpulver mischen und auf die Eimasse sieben. Alles vorsichtig vermengen. Teig in eine mit Backpapier ausgelegte Springform füllen.

- Für den Belag Äpfel waschen, schälen, halbieren, Kerngehäuse entfernen. Die gewölbte Seite in gleichmäßigen Abständen $\frac{1}{2}$ cm tief einschneiden und diese Seite nach oben auf den Teig legen. Mit Puderzucker bestäuben und im Ofen (mittlere Einschubleiste) ca. 30 bis 35 Min. backen. Kuchen aus der Form nehmen und auskuhlen lassen.

Pro Stück:

1,8	BE
112	kcal
22 g	KH
2 g	F
3 g	E

Gugelhupf – nostalgisch delikat

Gugelhupf
für eine Gugelhupfform (⌀ 22 cm) – ergibt 20 Stücke

- Die Rosinen mit dem Rum mischen und ziehen lassen. Das Mehl in eine Schüssel geben, in die Mitte eine Vertiefung drücken. Hefe zerbröseln und in etwas lauwarmer Milch auflösen, 1 EL Zucker hinzufügen und in die Vertiefung geben, mit etwas Mehl vom Rand bestäuben. Zugedeckt an einem warmen Ort ca. 15 Min. gehen lassen.

- Den übrigen Zucker, restliche Milch, Ei und Eigelb, Salz, Margarine und Mandeln verrühren, die eingelegten Rosinen hinzufügen. Die Masse mit dem Hefevorteig zu einem glatten Teig verkneten. Weitere 45 Min. zugedeckt gehen lassen, bis der Teig sich verdoppelt hat.

- Ofen auf 200 Grad vorheizen. Die Form einfetten, mit Grieß ausstreuen. Den Teig kneten und diesen in die Form geben. Teig weitere 10 Min. gehen lassen.

- Im Ofen (mittlere Einschubleiste) 45 Min. backen. 10 Min. in der Form auskühlen lassen, auf eine Platte stürzen und mit Puderzucker bestäuben.

braucht etwas Zeit

50 g	Rosinen
2 EL	Rum
300 g	Mehl (Type 405)
½	Würfel Hefe
125 ml	Milch (1,5 % Fett), lauwarm
70 g	Zucker
1	Ei
1	Eigelb
1	Prise Salz
120 g	Halbfettmargarine
30 g	gehackte Mandeln

außerdem

	Fett und Grieß für die Form
1 EL	Puderzucker

zubereiten: 25 Min.
ruhen: 70 Min.
backen: 45 Min.

Pro Stück:

1,5 BE
123 kcal
17 g KH
4 g F
3 g E

Käsekuchen – unbedingt probieren

Käsekuchen

für eine Springform (∅ 26 cm) – ergibt 16 Stücke

KUCHENKLASSIKER

gelingt leicht

10 St.	Zwieback
85 g	Halbfettbutter
600 g	Frischkäse (Rahmstufe, z. B. Exquisa Joghurt Natur)
70 g	Zucker
1 Pck.	Vanillinzucker
1 TL	Speisestärke
	abgeriebene Zitronenschale
1–2 EL	Zitronensaft
	Süßstoff, flüssig
5	Eier

zubereiten: 45 Min.
backen: 60 Min.

▌ Zwieback in eine Plastiktüte geben, die Tüte verschließen, den Zwieback mit einem Nudelholz zerkleinern und in eine Schüssel geben.

▌ Die Brösel mit Halbfettbutter verkneten, die Masse in eine mit Backpapier ausgelegte Springform geben, festdrücken und einen ca. 1 cm hohen Rand formen. Kalt stellen.

▌ Den Backofen auf 175 Grad vorheizen (Umluft 150 Grad). Den Frischkäse mit Zucker, Vanillinzucker, Speisestärke, etwas Zitronenschale und Zitronensaft verrühren, evtl. mit Süßstoff nachsüßen. Eier trennen, Eigelbe zufügen und unterrühren. Eiweiß steif schlagen und unter die Frischkäsemasse heben.

▌ Die Masse auf den Zwiebackboden geben und glatt streichen. Im Ofen (mittlere Einschubleiste) 60 Min. goldgelb backen. Eventuell nach 40 Min. mit Alufolie abdecken, damit der Kuchen nicht zu stark bräunt.

Pro Stück:

0,9 BE
156 kcal
11 g KH
10 g F
4 g E

Englischer Teekuchen – it's teatime

Englischer Teekuchen
für eine Springform (Ø 22 cm) – ergibt 12 Stücke

- Die Aprikosen und Pflaumen fein würfeln. Von der Zitrone die Schale fein abreiben und die Zitrone auspressen. Die Margarine mit dem Zucker cremig rühren, die Eier einzeln unterrühren.

- Den Ofen auf 180 Grad (Umluft 160 Grad) vorheizen. Das Mehl mit Speisestärke und dem Backpulver mischen und unter die Margarine-Ei-Masse rühren. Zitronenschale und -saft, Aprikosen, Pflaumen, Mandeln und Salz unter die Masse heben.

- Die Springform mit Backpapier auslegen und den Teig einfüllen. Im Ofen (mittlere Einschubleiste) 45 bis 50 Min. backen. Den Kuchen auf ein Küchengitter stürzen und auskühlen lassen.

Tipp
Anstelle der Aprikosen und Pflaumen kann nach Belieben anderes Trockenobst verwendet werden.

gelingt leicht

50 g	Aprikosen, getrocknet
50 g	Pflaumen, getrocknet
½	unbehandelte Zitrone
120 g	Halbfettmargarine
75 g	Zucker
3	Eier
110 g	Weizenmehl (Type 1050)
60 g	Speisestärke
1 ½ TL	Backpulver
100 g	gehackte Mandeln
1	Prise Salz

zubereiten: 30 Min.
backen: ca. 50 Min.

Pro Stück:

2	BE
212	kcal
25 g	KH
10 g	F
5 g	E

Himbeer-Biskuitrolle – locker, leicht und lecker

Pro Stück:

1,7	BE
107	kcal
20 g	KH
3 g	F
4 g	E

KUCHENKLASSIKER

Himbeer-Biskuitrolle
für ein Backblech – ergibt 20 Stücke

braucht etwas Zeit

Teig

4	Eier
120 g	Zucker
70 g	Mehl
	(Type 405)
40 g	Stärke
½ TL	Backpulver

Füllung

500 g	Himbeeren
6	Blatt Gelatine, weiß
2 EL	Zitronensaft
300 g	Magerquark, cremig gerührt
2 Pck.	Vanillinzucker
	Süßstoff, flüssig
120 g	Schlagsahne

außerdem

1 EL	Puderzucker

zubereiten: 45 Min.
backen: 12 Min.
kühlen: 2 Stunden

▎ Backofen auf 200 Grad (Umluft 180 Grad) vorheizen, das Backblech mit Backpapier auslegen. Eier trennen, Eigelbe mit 100 g Zucker schaumig rühren. Eiweiße steif schlagen, dabei restlichen Zucker einrieseln lassen und zur Eigelbmasse geben. Mehl mit Stärke und Backpulver mischen, auf die Ei-Masse sieben, alles vermengen.

▎ Den Teig auf das Backblech streichen. Im Ofen (mittlere Einschubleiste) 12 Min. goldgelb backen. Biskuit auf ein mit Zucker bestreutes Geschirrtuch stürzen, Backpapier mit Wasser bestreichen und abziehen. Den Teig mit Hilfe des Tuchs von der Längsseite her aufrollen und auskühlen lassen.

▎ Himbeeren verlesen. Gelatine in kaltem Wasser einweichen. 150 g Himbeeren und Zitronensaft pürieren, mit dem Quark und Vanillinzucker verrühren, mit Süßstoff abschmecken. Die restlichen Himbeeren halbieren (einige zur Dekoration zurücklassen).

▎ Gelatine ausdrücken und bei schwacher Hitze auflösen. 3 EL der Quarkcreme unterrühren und unter die Quarkmasse mengen. Halbierte Himbeeren unterheben, alles kalt stellen.

▎ Sahne steif schlagen und unter die gelierende Masse heben. Biskuitrolle auseinander rollen, Creme darauf streichen, dabei 1 cm Rand freilassen. Biskuit wieder aufrollen und mind. 2 Stunden kalt stellen. Mit Puderzucker bestäuben und mit den Himbeeren verzieren.

Schwarzwälder-Kirsch-Torte – klassischer geht es kaum

Schwarzwälder-Kirsch-Torte

für eine Springform (Ø 26) – ergibt 16 Stücke

gelingt leicht

4	Eier
100 g	Zucker
1	Prise Salz
120 g	Mehl (Type 405)
70 g	Stärke
2 TL	Backpulver
2 EL	Kakaopulver
200 ml	Schlagcreme (z. B. Rama Cremefine)
¼	Fläschchen Vanillearoma
	Süßstoff, flüssig
2 EL	Fruchtaufstrich (Kirsch)
1	Glas Kirschen (350 g)
50 g	Schokoraspel

zubereiten: 35 Min.
backen: ca. 20 Min.
kühlen: 60 Min.

- Backofen auf 200 Grad (Umluft 180 Grad) vorheizen. Springform mit Backpapier auslegen. Für den Biskuitteig die Eier trennen, Eigelbe mit 4 EL heißem Wasser verrühren, 50 g des Zuckers zugeben und alles schaumig schlagen.

- Die Eiweiße mit Salz steif schlagen, restlichen Zucker einrieseln lassen. Mehl, Stärke, Backpulver, Kakao mischen und auf die Eigelbmasse sieben. Eischnee darauf geben, alles vorsichtig vermengen.

- Teig in die Form geben, im Ofen (mittlere Einschubleiste) ca. 15–20 Min. backen. Kuchen aus der Form nehmen, auskühlen lassen. Biskuit quer in 2 Böden schneiden.

- Schlagcreme mit Vanillearoma und etwas Süßstoff steif schlagen. Den unteren Tortenboden mit Fruchtaufstrich bestreichen. Die abgetropften Kirschen darüber verteilen, gut ⅓ der Creme darauf streichen. Zweiten Boden aufsetzen, Oberfläche und Rand der Torte mit restlicher Creme bestreichen. Mit Schokoraspel bestreuen und 1 Stunde kalt stellen.

Pro Stück:

2 BE
205 kcal
24 g KH
6 g F
4 g E

Apfeltorte

für eine Springform (Ø 26 cm) – ergibt 12 Stücke

- Aus dem Mehl, Backpulver, Zucker, Salz, Ei und Margarine einen glatten Teig kneten, in Folie wickeln und ca. 45 Min. im Kühlschrank ruhen lassen.
- Die Äpfel waschen, schälen, vierteln, Kerngehäuse entfernen und in Stücke schneiden. Mit Wasser und Zimt unter Rühren kurz aufkochen lassen, mit Süßstoff abschmecken.
- Backofen auf 200 Grad (Umluft 180 Grad) vorheizen. Die Hälfte des Teiges in die Form drücken und einen Rand hochziehen. Teigboden mehrmals mit einer Gabel einstechen und im Ofen (untere Einschubleiste) 15 Min. vorbacken.
- Restlichen Teig ausrollen, in schmale Streifen ausrädern oder schneiden. Die Apfelmasse in die Form füllen. Teigstreifen gitterförmig darauf verteilen, die Ränder leicht andrücken. Das Eigelb mit 1 EL Wasser verrühren und die Teigdecke damit bestreichen.
- Im Ofen (untere Einschubleiste) 45 bis 50 Min. backen. Kuchen etwas abkühlen lassen, aus der Form lösen und erkalten lassen.

braucht etwas Zeit

Teig
- 300 g Mehl (Type 405)
- 1 Msp Backpulver
- 75 g Zucker
- Prise Salz
- 1 Ei
- 150 g Halbfettmargarine

Füllung
- 1½ kg Äpfel
- 4–6 EL Wasser
- Süßstoff, flüssig
- ½ TL Zimt

Bestreichen
- 1 Eigelb
- 1 EL Wasser

zubereiten: 50 Min.
ruhen: 45 Min.
backen: ca. 65 Min.

Pro Stück:
- 3,2 BE
- 230 kcal
- 38 g KH
- 7 g F
- 4 g E

Pflaumenkuchen – lecker bei den ersten Herbststürmen

Klassischer Pflaumenkuchen

für ein Backblech – ergibt 20 Stücke

gut einzufrieren

500 g	Mehl (Type 1050)
1	Würfel Hefe
300 ml	Milch (1,5 % Fett), lauwarm
50 g	Zucker
4 EL	Öl
1	Ei
1½ kg	Pflaumen etwas Zimt

zubereiten: 35 Min.
ruhen: 65 Min.
backen: 45 Min.

Pro Stück:

1,4	BE
159	kcal
29 g	KH
3 g	F
4 g	E

▪ Das Mehl in eine Schüssel geben, in die Mitte eine Vertiefung drücken. Die Hefe zerbröseln, in etwas lauwarmer Milch auflösen, in die Vertiefung geben und 1 TL Zucker hinzufügen. Den Hefeansatz mit etwas Mehl bestäuben. Den Rest des Zuckers auf dem Mehlrand verteilen. Den Vorteig zugedeckt an einem warmen Ort ca. 15 Min. gehen lassen.

▪ Die restliche Milch mit dem Hefevorteig, Öl, Ei und Zimt zu einem glatten Teig kneten; abermals 30 Min. zugedeckt gehen lassen, bis sich der Teig in etwa verdoppelt hat.

▪ Den Backofen auf 200 Grad (Umluft 180 Grad) vorheizen. Ein Backblech mit Backpapier auslegen. Den Teig in Backblechgröße ausrollen und auf das Blech legen; den Teig weitere 20 Min. gehen lassen.

▪ In dieser Zeit die Pflaumen waschen, entsteinen, halbieren und dachziegelartig auf dem Teig verteilen. Im Ofen (mittlere Einschubleiste) 45 Min. backen. Den warmen Kuchen mit Zimt bestäuben.

Tipp

Schmeckt auch lauwarm sehr lecker. Bei säuerlichen Pflaumen nach dem Backen mit Streusüße nachsüßen.

Marmorkuchen – immer ein Hit

Marmorkuchen

für eine Kastenform (20 cm) – ergibt 12 Stücke

KUCHENKLASSIKER

gelingt leicht

160 g	Halbfettbutter
70 g	Zucker
1 Pck.	Vanillinzucker
3	Eier
200 g	Mehl
	(Type 405)
2 TL	Backpulver
1	Prise Salz
2 EL	Milch
	(1,5 % Fett)
2 EL	Kakaopulver
1 EL	Rum
1 EL	Milch
	(1,5 % Fett)

außerdem

Fett für die
Form
Puderzucker

zubereiten: 20 Min.
backen: 60 Min.

▪ Backofen auf 180 Grad vorheizen (Umluft 160 Grad). Die Halbfettbutter mit Zucker und Vanillinzucker cremig rühren, Eier einzeln unterrühren. Das Mehl mit Backpulver und Salz mischen, abwechseln mit der Milch unter die Butter-Ei-Masse rühren.

▪ Die Hälfte des Teiges in eine gefettete Kastenform füllen. Kakao sieben und mit Rum und Milch unter den restlichen Teig rühren. Den dunklen Teig auf dem hellen Teig verteilen. Mit einer Gabel beide Teigschichten spiralförmig miteinander vermengen, so dass ein Marmormuster entsteht.

▪ Im Ofen (mittlere Einschubleiste) 60 Min. backen. Den Kuchen 10 Min. auskühlen lassen, aus der Form lösen und nach Belieben mit Puderzucker bestäuben.

Pro Stück:

1,7 BE
167 kcal
20 g KH
7 g F
4 g E

Mohntorte – raffinierter Tortenspaß

Mohntorte

für eine Springform (Ø 26 cm) – ergibt 16 Stücke

- Mehl mit Backpulver mischen und mit Zucker, Butter, Ei und Salz zu einem glatten Teig kneten, in Folie wickeln und 45 Min. im Kühlschrank ruhen lassen. Das Puddingpulver mit etwas Milch anrühren. Restliche Milch zum Kochen bringen, den Mohn unter Rühren einstreuen und bei schwacher Hitze etwa 20 Min. quellen lassen.

- Zucker und Zitronenschale unterrühren, mit etwas Zimt abschmecken. Die Mohnmischung aufkochen, das angerührte Puddingpulver einrühren und erneut aufkochen; etwas abkühlen lassen. Backofen auf 180 Grad (Umluft 160 Grad) vorheizen. Butter und Ei unter die Mohnmasse rühren. Birne waschen, schälen, vierteln, entkernen, raspeln und unterheben.

- Den Teig in den mit Backpapier ausgelegten Boden der Springform drücken, einen Rand formen. Teigboden mehrmals einstechen, Mohnmasse in die Form geben und im Ofen (mittlere Einschubleiste) 30 Min. backen. Die Eiweiße mit einer Prise Salz steif schlagen, den Zucker nach und nach hinzufügen. Die Baisermasse auf dem Kuchen verteilen und weitere 20 Min. backen.

braucht etwas Zeit

Teig
250 g	Mehl (Type 405)
2 TL	Backpulver
70 g	Zucker
125 g	Halbfettbutter
1	Ei
1	Prise Salz

Belag
1 Pck.	Vanillepuddingpulver
½ l	Milch (1,5 %)
250 g	Mohn, gemahlen
75 g	Zucker
	Zitronenschale
	Zimt
40 g	Butter
1	Ei
1	Birne
3	Eiweiße
	Prise Salz
60 g	Zucker

zubereiten: 60 Min.
ruhen: 45 Min.
backen: ca. 50 Min.

Pro Stück:

2,5 BE
261 kcal
30 g KH
12 g F
8 g E

Kokostraum – wie Urlaub auf der Insel

MODETORTEN

Kokostraum

für eine Springform (Ø 26 cm) – ergibt 16 Stücke

Pro Stück:

1,4	BE	
166	kcal	
17 g	KH	
9 g	F	
4 g	E	

braucht etwas Zeit

Teig

150 g	Halbfett-margarine
80 g	Zucker
1 Pck.	Vanillin-zucker
2	Eier
150 g	Weizenmehl (Type 405)
1 EL	Kokosraspel
2 TL	Backpulver
20 g	Kakaopulver
2–3 EL	Milch (1,5 %)
½	Fläschchen Rum-Aroma

Füllung

4	Blatt Gela-tine, weiß
1	Banane
1 EL	Zitronensaft
250 ml	Dickmilch (1,5 % Fett)
6 EL	Kokoslikör (z. B. Batida de Coco)
250 ml	Schlagcreme
1 Pck.	V.-Zucker Süßstoff

▪ Backofen auf 180 Grad (Umluft 160 Grad) vorheizen. Margarine, Zucker, Vanillinzucker mit Handrührgerät vermengen, Eier nacheinander zufügen und cremig rühren. Mehl mit Kokosraspeln, Back- und Kakaopulver mischen und löffelweise zu dem Margarine-Ei-Gemisch geben und mit der Milch und Rumaroma zu einem glatten Teig verarbeiten und in eine mit Backpapier ausgelegte Form füllen.

▪ Im Ofen (mittlere Einschubleiste) 30 Min. backen. Kuchen abkühlen lassen. Die Gelatine in kaltem Wasser einweichen. Banane schälen, mit dem Zitronensaft pürieren, mit der Dickmilch verrühren.

▪ Die Gelatine leicht ausdrücken, in einem Topf bei schwacher Hitze unter Rühren auflösen. Etwas Bananen-Dickmilch unter ständigem Rühren unter die Gelatine ziehen. Diese Masse zur restlichen Masse geben, Likör hinzufügen und gut verrühren. Creme kalt stellen, bis sie anfängt zu gelieren.

▪ Schlagcreme und Vanillinzucker steif schlagen und unter die Creme heben, mit Süßstoff abschmecken. Creme auf dem Teigboden verteilen und mind. 1 Stunde kalt stellen. Mit Kokosraspeln verzieren.

zubereiten: 40 Min.
backen: 30 Min.
kühlen: 60 Min.

Zebrakuchen – tierisch lecker

Zebrakuchen mit Pfirsich
für eine Springform (⌀ 28 cm) – ergibt 16 Stücke

Pro Stück:

2,1 BE
182 kcal
25 g KH
6 g F
8 g E

mit Pfiff

Teig
- 4 Eier
- 90 g Zucker
- 1 Pck. Vanillinzucker
- 150 g Mehl (Type 405)
- 1 Pck. Backpulver
- 1 EL Kakaopulver

Belag
- 1 Ds. Pfirsiche (470 g Abtropfgewicht)
- 200 ml Schlagsahne
- 1 Pck. Sahnesteif
- 500 g Magerquark Süßstoff, flüssig
- 2 Pck. Tortenguss, klar

zubereiten: 45 Min.
backen: 35 Min.
kühlen: 60 Min.

- Eier mit Zucker und Vanillinzucker schaumig rühren. Mehl mit Backpulver mischen, auf die Eiermasse sieben und unterheben. Teig halbieren, unter eine Hälfte des Teiges den gesiebten Kakao rühren.

- Den Backofen auf 180 Grad (Umluft 160 Grad) vorheizen. Eine Springform mit Backpapier auslegen und 2 EL hellen Teig in die Mitte der Form geben, nicht verteilen. Auf den hellen Teig 2 EL dunklen Teig geben. Wiederholen, bis der Teig aufgebraucht ist – nicht glatt streichen.

- Im Ofen (mittlere Einschubleiste) ca. 25 Min. backen. Abgekühlten Kuchen aus der Form lösen, Tortenring um den Teigboden legen, die Pfirsiche bis auf eine Hälfte klein schneiden, auf dem Teig verteilen. Den Saft aufheben.

- Sahne mit Sahnesteif steif schlagen. Quark glatt rühren und mit Süßstoff süßen. Sahne unterheben und die Creme auf dem Kuchen verteilen. Pfirsichhälfte in dünne Scheiben schneiden und fächerförmig auf die Tortenmitte legen. Den Pfirsichsaft mit Wasser auf 400 ml auffüllen und mit dem Tortenguss ohne Zucker einen Guss zubereiten, abkühlen lassen und von der Mitte aus auf der Quarkcreme verteilen und mind. 1 Stunde kalt stellen.

Minztarte – erfrischend an heißen Tagen

Exotische Minztarte
für eine Springform (⌀ 24 cm) – ergibt 12 Stücke

Pro Stück:

1,7	BE
194	kcal
20 g	KH
10 g	F
5 g	E

- Kekse in einem Gefrierbeutel mit einem Nudelholz zu Bröseln zerkleinern. Die Halbfettbutter mit den Bröseln mischen. Den Boden der Springform mit Backpapier auslegen. Die Krümelmasse darauf verteilen und flach drücken. Kalt stellen.

- Die Gelatine in kaltem Wasser einweichen. Kuvertüre in Stücke schneiden, in eine Schüssel geben und über einem heißen Wasserbad schmelzen. Die Kuvertüre mit dem Frischkäse vermengen, den Joghurt, Zitronensaft, Vanillinzucker und gehackte Minze unterrühren.

- Gelatine leicht ausdrücken und in einem Topf bei schwacher Hitze auflösen. 1 bis 2 EL von der Creme unterrühren. Diese Mischung zügig unter die übrige Creme rühren. Auf den Keksboden geben und glatt streichen; mindestens 1 Stunde in den Kühlschrank stellen.

- Kurz vor dem Servieren die Früchte vorbereiten, je nach Sorte schälen und in Stücke schneiden. Die Torte vorsichtig aus der Form lösen und auf eine Platte setzen. Mit den Früchten belegen.

gelingt leicht

150 g	Vollkorn-Butterkekse
80 g	Halbfettbutter, weich
6	Blatt Gelatine, weiß
80 g	Kuvertüre, weiß
300 g	Frischkäse Rahmstufe (z. B. Exquisa Joghurt Natur)
300 g	Joghurt (0,3 %)
20 ml	Zitronensaft
1 Pck.	Vanillinzucker
2 EL	Minze, gehackt
500 g	exotisches Obst (z. B. Kiwi, Karambola, Physalis, Mango)

zubereiten: 45 Min.
kühlen: ca. 30 Min.

Tipp
Mit etwas Minze oder Zitronenmelisse garnieren.

Traubentorte – lässt keine Wünsche offen

MODETORTEN

Traubentorte

für eine Springform (⌀ 22 cm) – ergibt 12 Stücke

Pro Stück:

1,5 BE
174 kcal
18 g KH
9 g F
5 g E

braucht etwas Zeit

Teig

2	Eier
65 g	Zucker
½	Fläschchen Zitronen- aroma
50 g	Mehl (Type 405)
25 g	Speisestärke
1 Msp	Backpulver

Belag

150 g	Trauben, rot
150 g	Trauben, grün
500 g	Joghurt (1,5 %) Süßstoff, flüssig
6	Blatt Gela- tine, weiß
300 ml	Schlagcreme
150 g	Frischkäse Rahmstufe (z. B. Exquisa Joghurt Natur)
2 EL	Pistazien, gehackt

▮ Backofen auf 175 Grad (Umluft 150 Grad) vorheizen. Eier mit Zucker, Zitronenaroma und 2 EL heißem Wasser cremig aufschlagen. Mehl mit Speisestärke und Backpulver mischen, dazugeben und zu einem glatten Teig verarbeiten. Teig in eine mit Backpapier ausgelegte Springform füllen und im Backofen (mittlere Einschubleiste) 20 bis 25 Min. backen.

▮ Trauben waschen, halbieren und entkernen. Joghurt mit Süßstoff abschmecken. Gelatine in kaltem Wasser einweichen. Gelatine leicht ausdrücken und in einem Topf bei geringer Hitze auflösen, 2 bis 3 EL des Joghurts zugeben, verrühren und mit dem restlichen Joghurt vermengen, kühl stellen.

▮ Schlagcreme steif schlagen. Sobald der Joghurt zu gelieren beginnt, $\frac{2}{3}$ der Schlagcreme unterheben. Den Tortenboden mit den Trauben belegen (einige aufheben), die Creme darauf streichen und ca. 1 Stunde kalt stellen. Die restliche Schlagcreme mit Frischkäse verrühren. Torte aus der Springform lösen und den Rand mit der Käsesahne bestreichen. Mit Trauben und Pistazien garnieren.

zubereiten: 60 Min.
backen: 25 Min.
kühlen: 60 Min.

Möhrentorte – da bleibt kein Stück übrig

Saftige Möhrentorte
für eine Springform (Ø 24 cm) – ergibt 16 Stücke

- Den Backofen auf 180 Grad (Umluft 160 Grad) vorheizen. Die Eier trennen. Eigelbe cremig schlagen, Zucker, Zitronensaft und Zitronenschale dazugeben und zu einer glatten Masse verrühren.

- Die Möhren waschen, schälen, auf der Reibe fein raspeln und mit den Mandeln unter die Eiercreme ziehen. Die Stärke mit dem Backpulver mischen und ebenfalls untermengen. Die Masse mit Süßstoff und Zimt abschmecken. Die Eiweiße mit einer Prise Salz steif schlagen und vorsichtig unterheben.

- Den Teig in eine mit Backpapier ausgelegte Springform füllen. Im Ofen (mittlere Einschubleiste) 30 Min. backen. 10 Min. in der Form auskühlen lassen, dann herauslösen und auf ein Kuchengitter stürzen.

Die Oberfläche des Kuchens mit einem Holzstäbchen mehrmals einstechen und mit 2 EL Grand Marnier sowie 2 EL Orangensaft beträufeln.

geht schnell

4	Eier
120 g	Zucker
2 EL	Zitronensaft, frisch gepresst
	abgeriebene Zitronenschale
300 g	Möhren
300 g	Mandeln, gemahlen
3 EL	Speisestärke
1 TL	Backpulver
	Süßstoff, flüssig
	Zimt
1	Prise Salz

zubereiten: 30 Min.
backen: 30 Min.

Pro Stück:
- 1 BE
- 178 kcal
- 12 g KH
- 12 g F
- 5 g E

... wie auf Wolke sieben

MODETORTEN

Erdbeeren auf Mohnwolke
für eine Springform (∅ 26 cm) – ergibt 12 Stücke

Pro Stück:

2,3	BE
226	kcal
29 g	KH
8 g	F
17 g	E

mit Pfiff

Teig

3	Eier
100 g	Margarine
70 g	Zucker
1 Pck.	V.-Zucker
1	Prise Salz
150 g	Mehl (Type 405)
2 TL	Backpulver
1 EL	Kakaopulver

Belag

4	Blatt Gelatine, weiß
300 g	Erdbeeren
500 g	Magerquark
250 g	Mohnbackmischung
2 EL	Milch (1,5 %)
1 Pck.	Tortenguss, rot
	Süßstoff, flüssig
	Zitronenmelisse

zubereiten: 40 Min.
backen: ca. 30 Min.
kühlen: 60 Min.

■ Backofen auf 180 Grad (Umluft 160 Grad) vorheizen. Die Eier trennen. Margarine mit dem Zucker, Vanillinzucker und Salz cremig rühren. Eigelbe einzeln unterrühren.

■ Mehl mit Backpulver und Kakao mischen, portionsweise unterrühren. Eiweiße steif schlagen und vorsichtig unterheben. Den Teig in eine mit Backpapier ausgelegte Form füllen und glatt streichen. Im Ofen (mittlere Einschubleiste) 30 Min. backen, aus der Form lösen, abkühlen lassen.

■ Gelatine in kaltem Wasser einweichen. Die Erdbeeren waschen, putzen und vierteln. Quark mit dem Mohn und etwas Milch vermengen. Die Gelatine leicht ausdrücken und in einem Topf unter Rühren auflösen. Etwas Mohn-Quark unter die Gelatine rühren. Dann zur restlichen Masse geben und gut verrühren.

■ Einen Tortenring oder Formring um den Boden legen, die Quark-Mohn-Masse darauf geben und kalt stellen. Die Erdbeeren auf der Torte verteilen. Aus dem Tortengusspulver und 250 ml Wasser nach Packungsanweisung (ohne Zucker) einen Guss zubereiten, mit Süßstoff süßen und auf das Obst streichen. Die Torte mind. 1 Stunde kalt stellen. Mit Melisseblättern dekorieren.

Latte-Macchiato-Torte – für Kaffeefans

MODETORTEN

Latte-Macchiato-Torte

für eine Springform (∅ 26 cm) – ergibt 12 Stücke

Pro Stück:

2,2	BE
229	kcal
26 g	KH
10 g	F
15 g	E

gut einzufrieren

Teig

125 g	Halbfett-margarine
70 g	Zucker
1 Pck.	V.-Zucker
1	Prise Salz
2	Eier
200 g	Mehl
50 g	Speisestärke
2 TL	Backpulver
20 g	Kakaopulver
4 EL	Milch (1,5 %)
$\frac{1}{8}$ l	starker, kalter Kaffee

Belag

3	Blatt Gela-tine, weiß
400 g	Magerquark
1 TL	Süßstoff, flüssig
200 ml	Schlagcreme (z. B. Rama Cremefine z. Schlagen)
4 EL	Cappuccino-pulver (ungesüßt)

▸ Backofen auf 180 Grad (Umluft 160 Grad) vorheizen. Margarine, Zucker, Vanillinzucker und Salz mit dem Handrührgerät verrühren, Eier nacheinander hinzufügen. Mehl mit Stärke, Back- und Kakaopulver mischen und abwechselnd mit der Milch unterrühren.

▸ Den Teig in eine mit Backpapier ausgelegte Springform füllen, glatt streichen und im Ofen (mittlere Einschubleiste) 30 Min. backen. Mehrfach einstechen und mit $\frac{1}{8}$ l Kaffee beträufeln, auskühlen lassen.

▸ Gelatine in kaltem Wasser einweichen. Quark mit Süßstoff süßen. Die Gelatine ausdrücken, in einem Topf bei schwacher Hitze unter Rühren auflösen. Etwas Quark in den Topf geben, verrühren und die Masse zum restlichen Quark geben.

▸ Die Schlagcreme steif schlagen und unter den Quark heben. Unter $\frac{2}{3}$ der Creme das Cappuccino-Pulver unterrühren. Einen Tortenring um den Teigboden legen. Zuerst die Cappuccinocreme, dann die übrige Creme darauf verteilen und mind. 1 Stunde kalt stellen. Vor dem Servieren mit Kakao bestäuben.

zubereiten: 45 Min.
backen: 30 Min.
kühlen: 60 Min.

Baileys-Kirsch-Torte – für echte Genießer

Baileys-Kirsch-Torte
für eine Springform (∅ 26 cm) – ergibt 12 Stücke

Pro Stück:

2,8	BE
224	kcal
34 g	KH
5 g	F
8 g	E

- Den Backofen auf 180 Grad (Umluft 160 Grad) vorheizen. Margarine mit Joghurt, Zucker, etwas Süßstoff, Vanillinzucker und den Eiern schaumig schlagen. Mehl, Stärke, Backpulver und Natron mischen, nach und nach unterrühren.

- Die Hälfte des Teiges in eine mit Backpapier ausgelegte Springform füllen und glatt streichen. Den restlichen Teig mit dem Kakaopulver verrühren und auf den hellen Teig streichen. Schattenmorellen abtropfen lassen, den Saft dabei auffangen. Die Kirschen auf dem Teig verteilen. Den Kuchen im Ofen (mittlere Einschubleiste) 35 Min. backen und gut auskühlen lassen.

- Die Paradiescreme mit der Milch und dem Likör verrühren, cremig aufschlagen und den Quark unterrühren. Einen Tortenring um den ausgekühlten Kuchen legen und die Creme darauf verteilen.

- Aus Tortengusspulver, 100 ml Kirschsaft und 150 ml Wasser nach Packungsanleitung einen Guss (ohne Zucker) zubereiten, von der Mitte aus auf dem Kuchen verteilen. Torte 1 Stunde kalt stellen.

zubereiten: 30 Min.
backen: ca. 35 Min.
kühlen: 60 Min.

mit Pfiff

Teig

50 g	Halbfettmargarine
100 g	Joghurt (0,2 % Fett)
100 g	Zucker
	Süßstoff, flüssig
1 Pck.	Vanillinzucker
3	Eier
150 g	Mehl (Type 405)
50 g	Speisestärke
1 TL	Backpulver
½ TL	Natron
2 EL	Kakaopulver
1 Glas	Schattenmorellen (350 g)

Belag

1 Pck.	Paradiescreme Vanille
200 ml	Milch (1,5 %)
50 ml	Baileys
250 g	Magerquark
1 Pck.	Tortenguss, rot

Valentinsherz – für Verliebte

Valentinsherz

für eine Springform (Herzform, 1 Liter) – ergibt 6 Stücke

gelingt leicht

300 g	Himbeeren (TK)
	Süßstoff, flüssig
2	Eier
	Prise Salz
50 g	Zucker
1	Zitrone (abgeriebene Schale und Saft)
40 g	Mehl (Type 405)
1 EL	Weizenkleie
250 g	Magerquark
60 ml	Eierlikör
1 Pck.	Tortenguss, rot
	Süßstoff, flüssig

zubereiten: 40 Min.
backen: ca. 15 Min.

- Himbeeren mit etwas flüssigem Süßstoff beträufeln und auftauen lassen. Backofen auf 200 Grad (Umluft 180 Grad) vorheizen. Backpapier in der Größe der Herzform ausschneiden und Backform auslegen.

- Die Eier trennen. Eiweiß mit Salz steif schlagen. Eigelbe mit Zucker, etwas Zitronenschale und 1 EL Zitronensaft mit dem Handrührgerät cremig rühren. Mehl auf die Eicreme sieben, Weizenkleie hinzufügen. Den Eischnee darauf geben und mit dem Mehl unter die Creme heben. Den Teig in die Herzform gießen und im Backofen (mittlere Einschubleiste) 15 Min. backen. Biskuit auf ein Gitter stürzen und abkühlen lassen.

- Quark mit dem Eierlikör glatt rühren, auf den Biskuitboden streichen, die aufgetauten Himbeeren darauf verteilen. Aus Tortengusspulver und 250 ml Wasser nach Packungsanleitung einen Guss (ohne Zucker) zubereiten, mit Süßstoff süßen und von der Mitte aus auf dem Kuchen verteilen.

Tipp
Zum Dekorieren eignen sich geröstete Mandelblättchen.

Pro Stück:
1,8 BE
167 kcal
21 g KH
3 g F
10 g E

Blaubeer-Buttermilch-Kuchen – macht Lust auf Selbstpflücken

Blaubeer-Buttermilch-Kuchen

für ein Backblech – ergibt 20 Stücke

gelingt leicht

500 g	Blaubeeren
400 g	Mehl (Type 405)
1 Pck.	Backpulver
1	Prise Salz
100 g	Zucker
300 ml	Buttermilch
3	Eier
½	Fläschchen Butter-Vanille-Backaroma Süßstoff, flüssig

außerdem

Puderzucker zum Bestäuben

zubereiten: 20 Min.
backen: 30 Min.

- Ein Backblech mit Backpapier auslegen. Die Blaubeeren verlesen, waschen und abtropfen lassen.

- Das Mehl mit Backpulver, Salz und dem Zucker vermischen. Die Buttermilch mit den Eiern und dem Backaroma verquirlen und zum Mehl-Zucker-Gemisch geben. Alles zu einem glatten Teig verrühren. Den Teig auf das Backblech streichen.

- Die Blaubeeren mit Süßstoff süßen und gleichmäßig auf dem Teig verteilen.

- Das Blech in den kalten Backofen (mittlere Einschubleiste) schieben und den Kuchen bei 200 Grad (Umluft 180 Grad) etwa 30 Min. backen, bis er leicht gebräunt ist. Den Kuchen auf dem Blech abkühlen lassen. Vor dem Servieren mit Puderzucker bestäuben.

Pro Stück:

1,8	BE
117	kcal
22 g	KH
1 g	F
4 g	E

Kirsch-Streusel-Kuchen
für ein Backblech – ergibt 25 Stücke

- Butter mit Mehl, Zucker, Vanillinzucker vermengen, leicht zu Streuseln zusammendrücken und kalt stellen. Ofen auf 200 Grad (Umluft 170 Grad) vorheizen.

- Für den Teig die Butter schaumig rühren, Zucker und Salz dazugeben. So lange rühren, bis der Zucker gelöst ist. Nacheinander Eier hinzufügen, abgeriebene Zitronenschale dazugeben.

- Mehl mit Backpulver mischen und abwechselnd mit der Milch unterrühren. Den Teig gleichmäßig auf ein mit Backpapier ausgelegtes Backblech streichen. Die abgetropften Kirschen darauf verteilen und leicht eindrücken. Streusel darüber geben. Im Ofen (mittlere Einschubleiste) 50 bis 60 Min. backen.

Pro Stück:

2,7 BE
204 kcal
32 g KH
7 g F
4 g E

gelingt leicht

Streusel
100 g	Halbfettbutter, weich
180 g	Mehl (Type 405)
50 g	Zucker
1 Pck.	V.-Zucker

Teig
250 g	Halbfettbutter
125 g	Zucker
1	Prise Salz
5	Eier Zitronenschale
500 g	Mehl (Type 405)
1 Pck.	Backpulver
100 ml	Milch (1,5 %)
2	Gläser Schattenmorellen (à 350 g)

zubereiten: 40 Min.
backen: ca. 60 Min.

Quitten-Sanddornkuchen – schmeckt herrlich frisch

Quitten-Sanddornkuchen
für eine Springform (Ø 26 cm) – ergibt 12 Stücke

mit Pfiff

Teig
2	Eier
80 g	Zucker
1	Prise Salz
1 Pck.	V.-Zucker
150 g	Mehl (Type 405)
½ TL	Backpulver
1 EL	Weizenkleie

Belag
5	Quitten
250 ml	Weißwein
50 ml	Sanddornsirup (ungesüßt)
5	Nelken
	Zimt
½ TL	Süßstoff, flüssig
3	Eiweiß
20 g	Zucker
20 g	Pistazien, gehackt

zubereiten: 30 Min.
backen: ca. 25 Min.

■ Backofen auf 180 Grad (Umluft 160 Grad) vorheizen. Springform mit Backpapier auslegen. Die Eier trennen, Eigelbe mit Zucker schaumig schlagen. Die Eiweiße mit einer Prise Salz und dem Vanillinzucker steif schlagen, auf die Eigelbcreme geben. Das Mehl mit Backpulver mischen und darüber sieben, Weizenkleie zufügen und alles vorsichtig vermengen.

■ Den Teig in die Springform füllen und 12–15 Min. goldgelb backen. Biskuit abkühlen lassen. Für den Belag die Quitten mit einem trockenen Tuch abreiben, waschen und schälen. Früchte vierteln, entkernen und in Spalten schneiden.

■ Den Wein, Sanddornsirup mit Nelken und etwas Zimt aufkochen, mit Süßstoff abschmecken. Quitten 3 bis 4 Min. darin dünsten. Den Biskuitboden mit einigen Löffeln des Suds beträufeln und mit den Quitten belegen.

■ Eiweiße mit einer Prise Salz steif schlagen, Zucker dabei einrieseln lassen. Baisermasse über die Quitten streichen. Mit den Pistazien bestreuen und etwa 10 Min. backen.

Pro Stück:

1,8 BE
154 kcal
22 g KH
3 g F
4 g E

Ananaskuchen mit Kokos-Sahne
für ein Backblech – ergibt 20 Stücke

■ Den Backofen auf 180 Grad (Umluft 160 Grad) vorheizen. Ein tiefes Backblech mit Backpapier auslegen. Ananas in einem Sieb gut abtropfen lassen. Zitronenschale abreiben, Saft auspressen.

■ Butter, Zucker, Salz, Eier, Milch, Zitronensaft und -schale verrühren. Mehl mit Backpulver mischen, zur Buttermasse geben und zu einem glatten Teig verarbeiten. Den Teig gleichmäßig auf das Backblech streichen, Ananas darauf verteilen. Im Ofen (mittlere Einschubleiste) 35 Min. goldbraun backen. Auskühlen lassen.

■ Kokosraspel in einer beschichteten Pfanne ohne Fett goldbraun rösten. Die Paradiescreme mit der Milch verrühren und auf höchster Stufe cremig aufschlagen. Die Schlagcreme steif schlagen und mit dem Quark unter die Creme rühren, mit Süßstoff abschmecken. Den Belag wolkenartig auf dem Ananaskuchen verteilen. Bis zum Servieren kalt stellen, Kokosraspel darüber streuen.

zubereiten: 30 Min.
backen: 35 Min.

Pro Stück:

2,5	BE
239	kcal
31 g	KH
10 g	F
6 g	E

gelingt leicht

Teig

2 Ds.	Ananas, leicht gezuckert (Abtropfgewicht je 340 g)
1	Zitrone, unbehandelt
200 g	Halbfettbutter
100 g	Zucker
1	Prise Salz
3	Eier
75 ml	Milch (1,5 %)
400 g	Mehl (Type 405)
1 Pck.	Backpulver

Belag

100 g	Kokosraspel
1 Pck.	Paradiescreme Vanille
250 ml	Milch (1,5 %)
250 ml	Schlagcreme
250 g	Magerquark Süßstoff, flüssig

Stachelbeer-Schmand-Torte – wie aus Omas Garten

OBSTKUCHEN

Stachelbeer-Schmand-Torte
für eine Springform (∅ 28 cm) – ergibt 16 Stücke

gut einzufrieren

Teig

80 g	Halbfett-butter
50 g	Zucker
1	Ei
200 g	Mehl (Type 405)
1 TL	Backpulver

Belag

500 g	Stachel-beeren
1 Pck.	Vanillepud-dingpulver
200 ml	Apfelsaft
1–2 TL	Süßstoff, flüssig

Guss

3	Eier
200 g	Schmand
1 EL	Speisestärke
1 Pck.	V.-Zucker
1	Prise Salz

zubereiten: 35 Min.
backen: ca. 55 Min.

▪ Den Backofen auf 180 Grad (Umluft 160 Grad) vorheizen. Für den Teig Butter und Zucker cremig rühren, das Ei unterrühren. Mehl mit Backpulver mischen und untermengen. Den Teig in eine mit Backpapier ausgelegte Springform füllen.

▪ Stachelbeeren waschen, entstielen, Blütenansätze entfernen. Vanillepuddingpulver mit etwas Apfelsaft verquirlen. Übrigen Saft mit 200 ml Wasser aufkochen, angerührtes Puddingpulver einrühren, 2 Min. köcheln lassen und mit Süßstoff abschmecken. Die Stachelbeeren unterheben und die Masse auf den Teig geben. Den Kuchen im Ofen (mittlere Einschubleiste) ca. 35 Min. backen.

▪ In der Zwischenzeit für den Guss die Eier trennen. Eigelbe mit Schmand, Stärke und Vanillinzucker verrühren. Eiweiße mit Salz steif schlagen und unter die Eigelbmasse heben. Auf dem heißen Kuchen verteilen und weitere 20 Min. backen. Kuchen herausnehmen und abkühlen lassen. Mit Puderzucker bestäuben.

Pro Stück:

| 1,7 BE |
| 152 kcal |
| 21 g KH |
| 6 g F |
| 3 g E |

Rhabarberkuchen – ein echter Frühlingshit

Rhabarberkuchen mit Baiserhaube
für ein tiefes Blech – ergibt 24 Stücke

gelingt leicht

Teig
600 g	Rhabarber
300 g	Erdbeeren (frisch oder TK)
70 g	Amarettini
170 g	Halbfettmargarine
1	Prise Salz
120 g	Zucker
1 Pck.	Vanillinzucker
5	Eier
375 g	Mehl (Type 405)
1 Pck.	Backpulver

Belag
4	Eiweiß
1	Prise Salz
80 g	Zucker

außerdem
	Amarettini
	Minze

zubereiten: 40 Min.
backen: ca. 40 Min.

- Den Backofen auf 175 Grad (Umluft 150 Grad) vorheizen. Rhabarber waschen, putzen und in Stücke schneiden. Erdbeeren waschen und putzen. Die Amarettini zerbröseln. Margarine, Salz, Zucker und Vanillinzucker verrühren, die Eier einzeln unterrühren.

- Mehl mit Backpulver mischen und mit den Amarettini-Bröseln vermengen. Den Teig auf ein mit Backpapier ausgelegtes tiefes Blech streichen, Rhabarber und Erdbeeren darauf verteilen. Im Ofen (mittlere Einschubleiste) ca. 20 Min. backen.

- Die Eiweiße mit einer Prise Salz steif schlagen, den Zucker nach und nach einrieseln lassen. Die Baisermasse wellenförmig auf dem Kuchen verteilen und weitere ca. 20 Min. backen. Auskühlen lassen, mit Amarettini und Minzeblättern verzieren.

Pro Stück:

2 BE
153 kcal
24 g KH
4 g F
4 g E

Aprikosen-Wähe – süß und saftig

OBSTKUCHEN

Aprikosen-Wähe

für eine Pizza- oder Springform (∅ 26 cm) – ergibt 16 Stücke

braucht etwas Zeit

Teig

200 g	Mehl (Type 405)
½	Würfel Hefe
100 ml	Milch (1,5 % Fett), lauwarm
30 g	Zucker
1	Prise Salz
25 g	Butter

Belag

1 Ds.	Aprikosen (480 g Abtropfgewicht)
100 ml	Buttermilch
30 g	Sahne
2	Eier
1 Pck.	Vanillinzucker
30 g	Mandelblättchen

zubereiten: 30 Min.
ruhen: 60 Min.
backen: ca. 40 Min.

▮ Das Mehl in eine Schüssel geben, in die Mitte eine Vertiefung drücken. Hefe in etwas lauwarmer Milch auflösen, 1 TL Zucker hinzufügen und in die Vertiefung geben, mit etwas Mehl vom Rand bestäuben. Zugedeckt an einem warmen Ort ca. 15 Min. gehen lassen.

▮ Den übrigen Zucker, restliche Milch, Salz und Butter zu dem Hefevorteig geben und zu einem glatten Teig kneten. Weitere 30 Min. zugedeckt an einem warmen Ort gehen lassen, bis sich der Teig verdoppelt hat.

▮ Aprikosen auf einem Sieb abtropfen lassen. Backofen auf 180 Grad vorheizen. Den Teig gut durchkneten, zu einem Kreis (∅ 28 cm) ausrollen und in eine mit Backpapier ausgelegte Form legen, den Teigrand etwas hochziehen. Zugedeckt 15 Min. gehen lassen.

▮ Buttermilch, Sahne, Eier und Vanillinzucker verrühren. Die Aprikosen auf dem Teigboden verteilen, den Guss darüber gießen. Im Ofen (mittlere Einschubleiste) 35 bis 40 Min. backen. Nach dem Abkühlen mit Mandelblättchen bestreuen.

Pro Stück:

1,4	BE
120	kcal
17 g	KH
4 g	F
3 g	E

Birnen-Tarte

für eine Springform (⌀ 26 cm) – ergibt 12 Stücke

- Mehl, Butter, Zucker, Salz und Ei zu einem glatten Teig verkneten, in Folie wickeln und 45 Min. kalt stellen. Die Birnen schälen, vierteln und entkernen. Die Viertel in sehr dünne Scheiben schneiden und mit Zitronensaft beträufeln.

- Backofen auf 200 Grad (Umluft 180 Grad) vorheizen. Eine Tarteform einfetten. Den Teig in die Form drücken und einen kleinen Rand formen. Die Birnenscheiben fächerartig darauf verteilen. Im Ofen (mittlere Einschubleiste) ca. 45 Min. backen, Kuchen nach 30 Min. mit Alufolie abdecken, um starkes Bräunen zu vermeiden.

- Die Konfitüre mit etwas Wasser unter Rühren erwärmen und die heiße Tarte damit bestreichen.

Tipp: Zu der Tarte schmeckt Ziegenkäse.

Pro Stück:
1,7 BE
152 kcal
20 g KH
7 g F
2 g E

gelingt leicht

180 g	Mehl (Type 405)
90 g	Butter
30 g	Zucker
1	Prise Salz
1	Ei
3	Birnen
1–2 EL	Zitronensaft
2 EL	Aprikosenkonfitüre

außerdem

Fett für die Form

zubereiten: 25 Min.
kühlen: 45 Min.
backen: ca. 45 Min.

Bunte Beerentorte – rund und rot

Pro Stück:

1,8	BE
131	kcal
22 g	KH
3 g	F
3 g	E

Bunte Beerentorte

für eine Springform (∅ 26 cm) – ergibt 16 Stücke

gelingt leicht

Teig

4	Eier
100 g	Zucker
1	Prise Salz
75 g	Weizenmehl (Type 405)
75 g	Speisestärke
1 Msp	Backpulver

Belag

200 g	Fruchtaufstrich (z. B. Waldbeere)
500 g	Beeren, gemischt (z. B. Erdbeeren, Heidelbeeren, Himbeeren)
1 Pck.	Tortenguss, rot
	Süßstoff, flüssig
40 g	Mandelblättchen

zubereiten: 30 Min.
backen: 25 Min.

▌ Den Backofen auf 175 Grad vorheizen (Umluft 150 Grad). Backform mit Backpapier auslegen. Für den Biskuitteig die Eier trennen, Eigelbe mit 2 EL lauwarmem Wasser verrühren, 80 g Zucker zugeben und schaumig schlagen. Die Eiweiße mit Salz und 20 g Zucker steif schlagen, auf die Eigelbcreme geben. Mehl, Stärke und Backpulver mischen und darüber sieben. Alles vorsichtig vermengen.

▌ Teig in die Form geben, im Ofen (mittlere Einschubleiste) 25 Min. backen. Boden aus der Form nehmen, auskühlen lassen. Biskuit waagerecht durchschneiden. Den unteren Boden mit der Hälfte des Fruchtaufstrichs bestreichen und den oberen Boden aufsetzen. Die Beeren putzen, waschen und mit flüssigem Süßstoff süßen.

▌ Die Torte mit dem restlichen Fruchtaufstrich rundherum bestreichen. Die Tortenoberfläche mit den Beeren belegen. Aus Tortenguss und 250 ml Wasser einen Guss (ohne Zucker) zubereiten, mit Süßstoff süßen und die Beeren damit überziehen. Die Mandelblättchen ohne Fett rösten, abkühlen lassen und mit Hilfe einer Teigkarte an den Tortenrand drücken.

Erdbeerkuchen – pure Sommerfreude

OBSTKUCHEN

Erdbeerkuchen vom Blech

für ein Backblech – ergibt 20 Stücke

Pro Stück:

2,6 BE	
197 kcal	
32 g KH	
5 g F	
6 g E	

braucht etwas Zeit

Teig

270 g	Mehl (Type 405)
75 g	Stärke
2 TL	Backpulver
140 g	Zucker
1 Pck.	V.-Zucker
	Salz
120 g	Halbfett- butter
5	Eier
100 g	Erdbeer- konfitüre

Belag

1 Pck.	Vanillepud- dingpulver
½ l	Milch (1,5 %)
	Süßstoff
250 g	Magerquark
1,5 kg	Erdbeeren
2 Pck.	Erdbeer-Tor- tenguss

zubereiten: 50 Min.
kühlen: 45 Min.
backen: ca. 30 Min.

▪ 150 g Mehl, 50 g Stärke, 1 TL Backpulver mischen und mit 50 g Zucker, 1 Päckchen Vanillinzucker, Salz, 120 g Butter und 1 Ei rasch zu einem geschmeidigen Teig kneten, in Folie wickeln und 45 Min. kalt stellen.

▪ Backofen auf 200 Grad (Umluft 180 Grad) vorheizen. Den Teig ausrollen und auf ein mit Backpapier aus- gelegtes Backblech legen, mehrmals mit einer Gabel einstechen und im Ofen (untere Einschubleiste) 12 Min. backen.

▪ Die Erdbeerkonfitüre auf den Boden streichen. Für den Biskuitteig 4 Eier trennen. Die Eigelbe mit 2 EL heißem Wasser verrühren und mit 90 g Zucker schaumig schlagen. Eiweiße mit einer Prise Salz steif schlagen, auf die Eigelbmasse geben. 120 g Mehl, 25 g Stärke und 1 TL Backpulver mischen und darü- ber sieben. Alles vorsichtig vermengen, auf dem vor- gebackenen Boden verteilen und 15 Min. (mittlere Einschubleiste) backen.

▪ Aus Puddingpulver und Milch nach Packungsanlei- tung (ohne Zucker) einen Pudding kochen, abkühlen lassen und den Quark unterrühren. Mit Süßstoff ab- schmecken. Erdbeeren halbieren. Den fertigen Teig mit der Creme bestreichen und die Erdbeeren darauf verteilen. Aus Tortengusspulver und 500 ml Wasser einen Guss (ohne Zucker) zubereiten, mit Süßstoff süßen, auf den Erdbeeren verteilen.

Mango-Joghurt-Torte – damit darf der Sommer ewig dauern

Mango-Joghurt-Torte

für eine Springform (∅ 26 cm) – ergibt 16 Stücke

gelingt leicht

150 g	Butterkekse
125 g	Halbfett-butter, weich
2	Mangos (reif)
4	Blatt Gela-tine weiß
400 g	Joghurt (1,5 % Fett)
	Mark einer Vanille-schote
	Süßstoff, flüssig
100 g	Schlagcreme (z. B. Rama Cremefine zum Schla-gen)
	Zitronen-melisse

zubereiten: 30 Min.
kühlen: 60 Min.

▪ Butterkekse in einen Gefrierbeutel füllen, Beutel verschließen und den Inhalt mit einem Nudelholz oder den Händen zerbröseln. Weiche Butter mit den Bröseln vermischen und in eine mit Backpapier ausgelegte Springform drücken.

▪ Die Mangos schälen, Fruchtfleisch vom Kern schneiden und mit einem Pürierstab pürieren. 5 EL des Fruchtpürees für die Dekoration beiseite stellen.

▪ Gelatineblätter in kaltem Wasser einweichen. Joghurt, restliches Fruchtpüree und das Vanillemark vermischen, mit Süßstoff süßen. Die Gelatine leicht ausdrücken, in einem Topf bei schwacher Hitze unter Rühren auflösen, mit 3 EL der Joghurtmasse verrühren, zum restlichen Joghurt geben und gut verrühren.

▪ Die Schlagcreme steif schlagen und unter die Creme heben. Creme in die Springform füllen, glatt streichen und mind. 2 Stunden in den Kühlschrank stellen. Die Torte mit den 5 EL Fruchtpüree spiralförmig verzieren, mit den Melisseblättchen dekorieren.

Pro Stück:

0,9 BE	
92 kcal	
11 g KH	
6 g F	
2 g E	

Mandarinen-Melonen-Kuchen – fruchtiger Gaumenkitzel

Mandarinen-Melonen-Kuchen
für eine Tarteform (⌀ 28 cm) – ergibt 16 Stücke

- Backofen auf 200 Grad (Umluft 180 Grad) vorheizen. Die Mandarinen in einem Sieb abtropfen lassen, den Saft auffangen. Melone vierteln, Schale entfernen, entkernen und in ca. 1 cm dicke Stücke schneiden.
- Blätterteig in eine mit Backpapier ausgelegte Tarteform legen und mehrmals mit einer Gabel einstechen. Im Ofen (mittlere Einschubleiste) ca. 30 Min. backen, abkühlen lassen.
- Den aufgefangenen Saft evtl. mit Wasser auf 250 ml auffüllen, 4 EL davon mit dem Puddingpulver verrühren, restliche Flüssigkeit zum Kochen bringen. Das Puddingpulver einrühren und unter Rühren aufkochen lassen. Etwas abkühlen lassen, unter den Quark ziehen, mit Süßstoff süßen.
- Den Teigboden aus der Form nehmen, Quarkcreme darauf streichen. Mandarinen und Melonenstücke auf der Creme verteilen. Aus Tortengusspulver, Orangensaft und Wasser einen Guss (ohne Zucker) zubereiten und das Obst damit überziehen.

geht schnell

1 Ds.	Mandarinen, leicht gezuckert (Abtropfgewicht 175 g)
½	Honigmelone
1 Pkg.	Blätterteig aus dem Kühlregal (200 g, ⌀ 32 cm)
½ Pck.	Vanillepuddingpulver
200 g	Magerquark
	Süßstoff, flüssig
1 Pck.	Tortenguss, hell
125 ml	Orangensaft
125 ml	Wasser

zubereiten: 35 Min.
backen: ca. 30 Min.

Pro Stück:

1,2 BE
142 kcal
15 g KH
8 g F
4 g E

Pfirsich-Melba-Torte – eine rotgelbe Liaison

RUCK-ZUCK

Pfirsich-Melba-Torte
ergibt 16 Stücke

Pro Stück:

2,1 BE
222 kcal
25 g KH
7 g F
5 g E

mit Pfiff

2	helle Biskuit-böden (⌀ 26 cm)
1 Ds.	Pfirsiche (470 g Ab-tropfgewicht)
400 g	Himbeeren (frisch oder TK)
375 g	Dickmilch (1,5 % Fett)
2 EL	Zitronensaft
1 TL	Süßstoff, flüssig
6 Blatt	Gelatine, weiß
200 g	Sahne
1 Pck.	Tortenguss, hell

zubereiten: 45 Min.
kühlen: 1½ Stunden

■ Einen Biskuitboden auf eine Tortenplatte setzen, mit einem Tortenring umschließen. Pfirsiche abtropfen lassen, den Saft auffangen. Pfirsichhälften in Spalten schneiden, die Hälfte davon auf dem Teigboden verteilen.

■ Himbeeren verlesen, waschen, 150 g beiseite stellen. Restliche Himbeeren pürieren, durch ein Sieb streichen. Mit Dickmilch verrühren, mit Zitronensaft und Süßstoff abschmecken. Gelatine in kaltem Wasser einweichen, leicht ausdrücken, in einem Topf bei schwacher Hitze auflösen, mit 3 EL Himbeer-Dickmilch verrühren, zur restlichen Masse geben, gut vermengen, kalt stellen. Sobald die Masse zu gelieren beginnt, Sahne steif schlagen, die Hälfte unterheben.

■ Creme auf den Tortenboden streichen. Mit dem zweiten Boden bedecken. Torte etwa 1½ Stunden kalt stellen. Mit der restlichen Sahne Torte und Ränder überziehen. Übrige Pfirsichspalten und Himbeeren dekorativ auf der Tortenoberfläche verteilen.

■ Aus Tortengusspulver und Pfirsichsaft (evtl. mit Wasser auf 250 ml auffüllen) nach Packungsangabe einen Guss (ohne Zucker) bereiten, die Früchte damit überziehen.

Orangen-Schnitten – dürfen bei keinem Picknick fehlen

Orangen-Schnitten
für ein Backblech – ergibt 20 Stücke

- Backofen auf 180 Grad (Umluft 160 Grad) vorheizen. Schale der Zitrone abreiben, Zitrone auspressen.
- Die Butter schaumig rühren. Nach und nach den Zucker, die Eier und das Salz hinzufügen. Das Mehl mit dem Backpulver, Zitronenschale und Grieß mischen, abwechselnd mit dem Joghurt unter die Buttermasse rühren.
- Den Teig auf ein mit Backpapier ausgelegtes Backblech streichen. Im Ofen (mittlere Einschubleiste) 25 bis 30 Min. backen.
- Den Orangensaft mit 1 EL Zitronensaft mischen. Den Kuchen mit einem Holzstäbchen mehrmals einstechen und den Saft darüber träufeln. Kurz vor dem Servieren mit Puderzucker bestäuben.

gut einzufrieren

½	Zitrone
150 g	Butter
100 g	Zucker
4	Eier
1	Prise Salz
200 g	Mehl (Type 405)
2 TL	Backpulver
100 g	Weichweizengrieß
300 g	Joghurt (1,5 % Fett)
150 ml	Orangensaft
2 EL	Puderzucker

zubereiten: 25 Min.
backen: ca. 30 Min.

Pro Stück:

1,5 BE
159 kcal
18 g KH
8 g F
4 g E

Käsekuchen – für alle Leckermäulchen

Käsekuchen ohne Boden
für eine Springform (⌀ 26 cm) – ergibt 16 Stücke

gut einzufrieren

500 g	Schichtkäse (10 % Fett)
500 g	Magerquark
½	ungespritzte Zitrone
4	Eier
1	Prise Salz
125 g	Halbfettbutter, weich
70 g	Zucker
1 Pck.	Vanillinzucker
1 Pck.	Vanillepuddingpulver
1 EL	Grieß
1 TL	Süßstoff, flüssig
250 g	Himbeeren (TK)
1 Pck.	Tortenguss, rot

zubereiten: 20 Min.
backen: ca. 60 Min.

▪ Backofen auf 180 Grad (Umluft 160 Grad) vorheizen. Schichtkäse und Quark gut abtropfen lassen. Etwas Zitronenschale abreiben, Zitrone auspressen. 3 Eier trennen, Eiweiße mit einer Prise Salz steif schlagen. Butter mit Zucker und Vanillinzucker schaumig rühren, die Eigelbe und ein ganzes Ei nach und nach hinzufügen.

▪ Schichtkäse, Quark, Puddingpulver, Grieß, Süßstoff, 2 EL Zitronensaft und die Zitronenschale gut unterrühren. Eischnee unterheben.

▪ Die Quarkmasse in eine mit Backpapier ausgelegte Springform füllen, glatt streichen. Himbeeren pürieren, mit Tortengusspulver mischen. Püree auf die Quarkmasse geben und mit einem Löffelstiel ein Marmormuster einziehen. Im Ofen (mittlere Einschubleiste) ca. 50 bis 60 Min. backen.

Pro Stück:

1	BE
141	kcal
12 g	KH
6 g	F
10 g	E

Rahmkuchen mit Johannisbeeren – richtig beerig, richtig gut

Rahmkuchen mit Johannisbeeren
für eine Tarteform (Ø 26 cm) – ergibt 16 Stücke

gelingt leicht

1	frischer Mürbeteig, backfertig ausgerollt (aus dem Kühlregal)
500 g	Johannisbeeren
4	Eier
250 g	Joghurt (1,5 % Fett)
200 g	saure Sahne
30 g	Zucker
1 Pck.	Vanillinzucker
	abgeriebene Zitronenschale
	Süßstoff flüssig

zubereiten: 20 Min.
backen: ca. 45 Min.

▪ Mürbeteig 10 Min. vor dem Verarbeiten aus dem Kühlschrank nehmen. Backofen auf 180 Grad (Umluft 160 Grad) vorheizen. Johannisbeeren waschen, von den Rispen streifen.

▪ Tarteform mit Backpapier auslegen, Boden und Rand mit dem Teig auskleiden. Boden mehrmals mit einer Gabel einstechen. Im Ofen (untere Einschubleiste) ca. 15 Min. backen, auskühlen lassen.

▪ Die Eier mit Joghurt, saurer Sahne, Zucker, Vanillinzucker und Zitronenschale gut verrühren, evtl. mit Süßstoff nachsüßen. Masse auf den vorgebackenen Boden geben und glatt streichen. Die Beeren darauf verteilen, leicht eindrücken. Den Kuchen in 25 bis 30 Min. fertig backen.

Pro Stück:

1,2	BE
122	kcal
14 g	KH
5 g	F
5 g	E

Kokos-Bienenstich – schneller geht's nicht

Schneller Kokos-Bienenstich
für ein Backblech – ergibt 24 Stücke

- Den Backofen auf 175 Grad (Umluft 160 Grad) vorheizen. Ein Backblech mit Backpapier auslegen. Die Buttermilch mit Eiern, Mehl, Zucker, Süßstoff und dem Backpulver zu einem glatten Teig rühren.
- Den Teig gleichmäßig auf dem Backblech verteilen. Kokosraspeln und Zucker vermengen und über den Teig streuen. Im Ofen (mittlere Einschubleiste) 20 Min. backen.

Pro Stück:

1,8 BE
126 kcal
21 g KH
3 g F
4 g E

gut einzufrieren

Teig
500 ml	Buttermilch
4	Eier
400 g	Mehl (Type 405)
150 g	Zucker
1 TL	Süßstoff, flüssig
1 Pck.	Backpulver

Belag
| 100 g | Kokosraspel |
| 40 g | Zucker |

zubereiten: 15 Min.
backen: ca. 20 Min.

Bananenkuchen – die Süße der Kanaren

RUCK-ZUCK

Kanarischer Bananenkuchen
für eine Kastenform (25 cm) – ergibt ca. 20 Stücke

geht schnell

Teig

2	Bananen (sehr reif)
2 EL	Zitronensaft
1 EL	Rum
3	Eier
160 g	Halbfettbutter
1 Pck.	Vanillinzucker
60 g	Puderzucker
1	Prise Salz
200 g	Mehl (Type 405)
2 TL	Backpulver
1 Ds.	Mandarinen (Abtropfgewicht 175 g)

außerdem

Fett für die Form
Puderzucker

zubereiten: 15 Min.
backen: ca. 60 Min.

▮ Die Kastenform ausfetten. Den Backofen auf 180 Grad (Umluft 160 Grad) vorheizen. Die Bananen schälen, mit Zitronensaft und Rum pürieren. Die Eier trennen. Eigelbe, Butter, Vanillinzucker und Puderzucker schaumig rühren und unter das Bananenpüree mischen. Eiweiße mit einer Prise Salz steif schlagen.

▮ Das Mehl mit dem Backpulver vermischen und über das Bananen-Eigelbgemisch sieben. Mandarinen hinzufügen, den Eischnee darauf geben und alles zu einem glatten Teig verrühren. Den Teig in die Kastenform füllen. Im Ofen ca. 60 Min. backen.

Tipp

Richten Sie den Kuchen auf einem Bananenblatt (gibt's im Asialaden) an und bestäuben Sie ihn mit wenig Puderzucker.

Pro Stück:

1,2	BE
110	kcal
15 g	KH
4 g	F
3 g	E

Nusskuchen – locker, lecker, nussig

Nusskuchen

für eine Kastenform (25 cm) – ergibt 20 Stücke

Pro Stück:

1	BE
101	kcal
12 g	KH
5 g	F
2 g	E

- Den Backofen auf 180 Grad (Umluft 160 Grad) vorheizen. Eine Kastenform ausfetten. Die Backmischung mit weicher Margarine, Eiern, Milch und dem Speisequark zu einem glatten Teig verarbeiten. Walnüsse unterheben.
- Teig in die Kastenform füllen, im Ofen (mittlere Einschubleiste) ca. 60 Min. backen. Den Kuchen 10 Min. in der Form auskühlen lassen, dann aus der Form lösen.

Tipp: Anstelle von Milch können Sie auch Rotwein verwenden.

gelingt leicht

Teig
410 g	Nuss-Backmischung (z. B. von Dr. Oetker)
50 g	Margarine
3	Eier
75 ml	Milch (1,5 % Fett)
100 g	Magerquark
50 g	Walnüsse, grob gehackt

außerdem

Fett für die Form

zubereiten: 10 Min.
backen: 60 Min.

73

Maracujacremetorte – fruchtiges Vergnügen

Maracujacremetorte
für eine Form (26 cm) – ergibt 16 Stücke

mit Pfiff
Boden
1	Wiener Boden (hell, 3-lagig)

Füllung
200 g	Sahne
1 Pck.	Tortencreme Käse-Sahne (z. B. von Dr. Oetker)
100 ml	Maracujanektar
500 g	Magerquark
200 g	Joghurt (0,1 % Fett)

Guss
2 Pck.	Tortenguss, hell
200 ml	Maracujanektar

zubereiten: 15 Min.
kühlen: 1 ½ Stunden

- Den ersten Wiener Boden auf eine Tortenplatte legen. Einen Tortenring oder einen Springformrand um den Teigboden legen. Für die Füllung die Sahne steif schlagen. Cremepulver mit Maracujanektar und 100 ml Wasser gut verrühren. Den Quark mit dem Joghurt vermengen und portionsweise unterrühren. Die Sahne unterheben.

- Die Masse auf den Teigboden geben und glatt streichen. Den zweiten Boden auf die Füllung legen und leicht andrücken. Den Guss aus Tortengusspulver nach Packungsanleitung mit Maracujanektar und 300 ml Wasser (ohne Zucker) herstellen und auf den oberen Boden verteilen. Torte etwa 1 ½ Stunden kalt stellen.

- Aus der dritten Biskuitlage Herzen oder Sterne ausstechen, mit Dekozucker aus der Tortencreme-Packung bestäuben und auf die Tortenoberfläche legen.

Pro Stück:

2,5 BE
197 kcal
30 g KH
5 g F
7 g E

O-Saft-Torte – ein saftiger Schmaus

O-Saft-Torte
ergibt 12 Stücke

Pro Stück:

2,5	BE
165	kcal
30 g	KH
4 g	F
2 g	E

geht schnell

800 ml	Orangensaft
50 g	Aprikosenfruchtaufstrich
1	Obsttortenboden (aus dem Backwarenregal)
2 Pck.	Vanillepuddingpulver
	Süßstoff, flüssig
150 g	Schlagcreme (z. B. Rama Cremefine zum Schlagen)
1 Pck.	Vanillinzucker
20 g	Schokostreusel

▍ 2 EL vom Orangensaft mit dem Aprikosenaufstrich verrühren und auf den Biskuitboden streichen. 100 ml Orangensaft mit dem Puddingpulver verrühren, den Rest aufkochen und das Puddingpulver einrühren. 3 Min. köcheln lassen, evtl. mit Süßstoff nachsüßen.

▍ Um den Tortenboden einen Tortenring legen. Die Orangencreme abkühlen lassen und auf den Boden geben. Schlagcreme mit Vanillinzucker steif schlagen und auf der Orangencreme verteilen. Die Torte mit den Schokostreuseln garnieren und 1 Stunde kalt stellen.

zubereiten: 15 Min.
kühlen: 1 Stunde

Saftiger Brotkuchen – Brot einmal ganz anders

Saftiger Brotkuchen
für eine Kastenform (25 cm) – ergibt 20 Stücke

- Den Backofen auf 180 Grad vorheizen (Umluft 160 Grad). Eine Kastenform einfetten, Semmelbrösel einstreuen. Kirschen abtropfen lassen. Das Brot sehr fein zerkrümeln.

- Die Eier mit dem Zucker schaumig schlagen. Zimt zufügen und das Brot unterheben. $^2/_3$ der Masse in die Form füllen und die Kirschen darauf verteilen. Das letzte Drittel der Brot-Ei-Masse über die Kirschen geben. Den Kuchen im Ofen (mittlere Einschubleiste) ca. 50 Min. backen.

- Kurz auskühlen lassen, aus der Form lösen und mit Puderzucker bestäuben.

Pro Stück:

0,8 BE
59 kcal
9 g KH
1 g F
2 g E

geht schnell

Teig
1 Glas	Sauerkirschen (350 g Abtropfgewicht)
150 g	Schwarzbrot (ca. 3 Tage alt)
4	Eier
60 g	Zucker
1 TL	Zimt

außerdem

Fett für die Form
Semmelbrösel
Puderzucker zum Bestäuben

zubereiten: 15 Min.
backen: 50 Min.

Mirabellenkränze – kleine Kunstwerke

Pro Stück:

2,5	BE
206	kcal
30 g	KH
6 g	F
7 g	E

Mirabellenkränze

für zwei Backbleche – ergibt 10 Stücke

gut einzufrieren

Belag

400 g	Mirabellen
1 Pck.	Mandelpud-dingpulver
375 ml	Milch (1,5 % Fett)
1 TL	Süßstoff, flüssig

Teig

30 g	Zucker
1 Pck.	Vanillin-zucker
1	Prise Salz
125 g	Magerquark
50 ml	Milch (1,5 % Fett)
40 ml	Rapsöl
200 g	Mehl (Type 405)
1 Pck.	Backpulver
30 g	Mandeln, gehackt

zubereiten: 30 Min.
backen: ca. 20 Min.

▪ Mirabellen waschen, entsteinen und halbieren. Puddingpulver mit 6 EL der Milch glattrühren. Übrige Milch aufkochen, von der Kochstelle nehmen und Puddingpulver dazugeben; unter Rühren kurz aufkochen lassen. Mit Süßstoff süßen, in eine Schüssel füllen. Mit Klarsichtfolie abdecken.

▪ Backofen auf 160 Grad (Umluft 140 Grad) vorheizen. Zucker, Vanillinzucker, Salz, Quark, Milch und Öl verrühren. Mehl mit Backpulver mischen und unterkneten. Teig dünn ausrollen, 10 runde Böden ausstechen (⌀ 9 cm) und auf die Backbleche setzen.

▪ Restlichen Teig verkneten, in 10 Teile teilen und jeweils zu einer Rolle (ca. 50 cm lang) formen. Die Enden jeder Rolle zusammenlegen und zu einer Kordel drehen. Den Rand der Teigböden mit wenig Wasser bestreichen, Kordel darauf legen und leicht andrücken.

▪ Pudding cremig rühren, je 2 EL auf den Böden verteilen. Mit Mirabellenhälften belegen und Mandeln bestreuen. Im Ofen (mittlere Einschubleiste) 20 Min. backen. Kränze auf einem Kuchengitter erkalten lassen.

Clafoutis – klein aber oho

Clafoutis
für 8 kleine Förmchen (⌀ 6 cm)

- Die Schattenmorellen abtropfen lassen. Vanillinzucker mit den Eiern schaumig schlagen. Mehl, Milch und den Quark hinzufügen und zu einem Teig verrühren.
- Die Förmchen ausfetten und mit Semmelbröseln leicht ausstreuen. Den Teig gleichmäßig verteilen, die Kirschen darauf geben und leicht eindrücken.
- Förmchen in den kalten Backofen geben (mittlere Einschubleiste) und bei ca. 200 Grad (Umluft 180 Grad) etwa 35 Min. backen.

geht schnell

1 Glas	Schattenmorellen (350 g Abtropfgewicht)
4 Pck.	Vanillinzucker
2	Eier
100 g	Mehl (Type 1050)
100 ml	Milch (1,5 % Fett)
6 EL	Magerquark

außerdem

Fett für die Förmchen
Semmelbrösel

zubereiten: 10 Min.
backen: ca. 35 Min.

Pro Stück:

2 BE
147 kcal
24 g KH
2 g F
7 g E

Früchteriegel – gesund und lecker

Früchteriegel
für ein halbes Backblech – ergibt 18 Stücke

gelingt leicht

50 g	Aprikosen, getrocknet
50 g	Pflaumen, getrocknet
150 g	Halbfett-butter
2 EL	Honig
250 g	Cornflakes, ungezuckert
80 g	Mandeln, gehackt
2	Eier
100 g	Mehl (Type 1050)
100 g	Fruchtauf-strich Aprikose

zubereiten: 15 Min.
backen: ca. 30 Min.

▌ Den Backofen auf 180 Grad (Umluft 160 Grad) vorheizen. Ein Backblech mit Backpapier auslegen. Die Trockenfrüchte klein hacken, mit der Halbfettbutter und dem Honig bei schwacher Hitze erwärmen, bis die Butter zerfließt.

▌ Die Cornflakes in einem Gefrierbeutel zerstoßen. Mit den Mandeln, Eiern und dem Mehl mischen. Fruchtaufstrich mit 1 EL Wasser verrühren. Alles zu der Trockenfruchtmasse geben und vermengen.

▌ Die Cornflakes-Mischung auf eine Blechhälfte geben und leicht andrücken, im Backofen (mittlere Einschubleiste) etwa 30 Min. backen. Abkühlen lassen und in Riegel schneiden.

Pro Stück:

2 BE
170 kcal
24 g KH
7 g F
4 g E

Quark-Kissen – so bettet sich Quark am liebsten

Quark-Kissen
für ein Backblech – ergibt 15 Stücke

- Den Backofen auf 200 Grad (Umluft 180 Grad) vorheizen. Ein Backblech mit Backpapier auslegen. Quark, Öl, Ei, Vanillinzucker und Salz verrühren. Mehl mit dem Backpulver mischen und mit der Quarkmasse vermengen. Den Teig auf einer bemehlten Arbeitsfläche dünn ausrollen. Quadrate von (10 × 10 cm) ausschneiden.

- Quark mit saurer Sahne, Ei, Butter-Vanillearoma und Zucker verrühren. Mit flüssigem Süßstoff abschmecken. In die Mitte jedes Teig-Quadrats einen EL der Quarkfüllung geben. Das Eigelb mit der Milch verrühren und die Ecken der Quadrate damit bepinseln, alle vier Ecken nach innen klappen und die Spitzen leicht miteinander verdrehen.

- Quarkkissen vorsichtig auf das Blech setzen, mit übrigem Eigelb bepinseln und im Backofen (mittlere Einschubleiste) ca. 20 Min. backen.

Pro Stück:

1,7 BE
172 kcal
21 g KH
6 g F
8 g E

mit Pfiff

Teig
150 g	Magerquark
6 EL	Rapsöl
1	Ei
2 Pck.	Vanillinzucker
1	Prise Salz
300 g	Mehl (Type 405)
1 Pck.	Backpulver

Füllung
350 g	Magerquark
4 EL	saure Sahne
1	Ei
½	Fläschchen Butter-Vanillearoma
50 g	Zucker
	Süßstoff

außerdem
| 2 | Eigelb |
| 1 EL | Milch (1,5 %) |

zubereiten: 35 Min.
backen: ca. 20 Min.

Marmorwaffeln – gleich aufessen

Marmorwaffeln

für ein Waffeleisen – ergibt 8 Waffeln (Ø 18 cm)

gelingt leicht

100 g	Halbfettbutter, weich
50 g	Zucker
1 Pck.	Vanillinzucker
2	Eier
200 g	Mehl (Type 405)
½ TL	Backpulver
300 ml	Milch (1,5 % Fett)
2 EL	Kakaopulver
30 g	Schokoraspel

zubereiten: 15 Min.
ruhen: 15 Min.
backen: ca. 30 Min.

Pro Stück:

2,5 BE
218 kcal
30 g KH
8 g F
6 g E

- Butter mit Zucker und Vanillinzucker schaumig schlagen. Eier einzeln dazugeben und unterrühren. Mehl mit Backpulver mischen und abwechselnd mit der Milch in die Butter-Ei-Masse rühren. Waffelteig 15 Min. quellen lassen. Das Waffeleisen auf mittlerer Stufe vorheizen.

- Den Teig halbieren, unter eine Hälfte Kakaopulver und Schokoraspeln rühren. Beide Backflächen des Waffeleisens dünn mit Öl bestreichen, je 2 EL vom hellen und dunklen Teig auf der unteren Backfläche verteilen und rasch mit einem Löffel ineinander ziehen. Waffeleisen schließen und 3 bis 4 Min. goldbraun backen.

KLEINGEBÄCK

Wiener Buchteln – die Kleinen schmecken auch den Großen

Wiener Buchteln

für eine Tarteform – ergibt 12 Bällchen

braucht etwas Zeit

200 g	Mehl (Type 405)
20 g	Hefe
100 ml	Milch (1,5 % Fett), lauwarm
30 g	Zucker
1 Pck.	Vanillinzucker
40 g	Halbfettmargarine
1	Prise Salz
3 EL	Rapsöl
2 EL	Puderzucker

zubereiten: 35 Min.
ruhen: ca. 60 Min.
backen: ca. 20 Min.

- Das Mehl in eine Schüssel geben, in die Mitte eine Vertiefung drücken. Hefe in etwas Milch auflösen, 1 TL Zucker hinzufügen und in die Vertiefung geben, mit etwas Mehl vom Rand bestäuben. Zugedeckt an einem warmen Ort ca. 15 Min. gehen lassen.

- Den übrigen Zucker, restliche Milch, Vanillinzucker, Halbfettmargarine und Salz mit dem Hefevorteig zu einem glatten Teig verkneten. Weitere 30 Min. zugedeckt gehen lassen, bis der Teig sich verdoppelt hat.

- Backofen auf 200 Grad (Umluft: 175 Grad) vorheizen. Hefeteig nochmals durchkneten, 12 Bällchen formen, in dem Öl wenden und in eine kleine Tarteform (Ø 16 cm) nicht zu dicht nebeneinander setzen. Die Buchteln nochmals gehen lassen, bis sie sich sichtbar vergrößert haben.

- Im vorgeheizten Backofen 20 bis 25 Min. backen. Die Buchteln aus dem Ofen nehmen, leicht abkühlen lassen, mit Puderzucker bestäuben und lauwarm servieren.

Pro Stück:

1,4 BE
115 kcal
17 g KH
4 g F
2 g E

Marzipanmuffins – nicht nur lecker zur Weihnachtszeit

Marzipanmuffins
für eine Muffinform – ergibt 12 Stücke

- Den Backofen auf 180 Grad (Umluft 160 Grad) vorheizen. Die Papierförmchen in die Vertiefungen der Muffinform setzen. Marzipanrohmasse kneten und daraus 12 Kugeln formen. Mehl, Mandeln, Backpulver und Natron mischen.

- Das Ei verquirlen. Zucker, Öl, Joghurt zugeben und gut verrühren, mit Süßstoff süßen. Mehlmischung zugeben und nur so lange rühren, bis die trockenen Zutaten feucht sind.

- Die Hälfte vom Teig in die Vertiefungen füllen. Je eine Marzipankugel auf den Teig geben, mit übrigem Teig auffüllen. Im Ofen (mittlere Einschubleiste) 20 bis 25 Min. goldbraun backen.

Tipp
Bestreuen Sie die Muffins vor dem Backen mit 60 g gehackten Pistazien.

Pro Stück:

2,2 BE
217 kcal
26 g KH
10 g F
5 g E

mit Pfiff

100 g	Marzipanrohmasse
250 g	Mehl (Type 405)
60 g	Mandeln, gehackt
2 ½ TL	Backpulver
½ TL	Natron
1	Ei
80 g	Zucker
50 ml	Pflanzenöl
250 g	Joghurt (1,5 % Fett)
	Süßstoff, flüssig

außerdem
12	Papier-Backförmchen

zubereiten: 20 Min.
backen: ca. 25 Min.

Schokomuffins – auf jeder Party ein Hit

KLEINGEBÄCK

Schokomuffins

für eine Muffinform – ergibt 12 Stücke

geht schnell

90 g	Mehl (Type 1050)
100 g	Mehl (Type 405)
2 TL	Backpulver
½ TL	Natron
3 EL	Kakaopulver
50 g	Schoko-tröpfchen
1	Ei
80 g	Zucker
60 ml	Pflanzenöl
½	Fläschchen Vanillearoma
260 g	Buttermilch Süßstoff, flüssig

außerdem

12	Papier-Back-förmchen

zubereiten: 15 Min.
backen: ca. 25 Min.

▌ Den Backofen auf 180 Grad (Umluft 160 Grad) vorheizen. Die Papierförmchen in die Vertiefungen der Muffinform setzen. Mehl, Backpulver, Natron, Kakaopulver und Schokotröpfchen vermischen.

▌ Das Ei verquirlen. Mit Zucker, Öl, Vanillearoma und Buttermilch verrühren, eventuell mit Süßstoff süßen. Mehlmischung zugeben und nur so lange rühren, bis die trockenen Zutaten feucht sind.

▌ Teig in die Vertiefungen füllen. Im Ofen (mittlere Einschubleiste) 20 bis 25 Min. backen.

Tipp Weiße Kuvertüre schmelzen, Muffins eintauchen und leicht abtropfen lassen.

Pro Stück:

1,9	BE
170	kcal
22 g	KH
7 g	F
4 g	E

Brownies light – der Klassiker schlechthin, nur viel leichter

KLEINGEBÄCK

Brownies light
für eine Form (20 x 30 cm) – ergibt 20 Stücke

mit Pfiff

2	Äpfel, säuerlich
60 g	brauner Zucker
100 g	Walnüsse, gehackt
100 g	Zartbitterschokolade
100 g	Halbfettbutter
4	Eier
60 g	brauner Zucker
1	Prise Salz
120 g	Joghurt (1,5 % Fett)
200 g	Mehl (Type 405)
4 EL	Kakaopulver
2 TL	Backpulver

zubereiten: 40 Min.
backen: ca. 30 Min.

▪ Die Äpfel schälen, vierteln, entkernen und klein würfeln. Zucker in einer Pfanne goldbraun karamellisieren. Walnüsse dazugeben. Äpfel hinzufügen und 2 Min. unter Rühren karamellisieren, beiseite stellen.

▪ Den Backofen auf 175 Grad (Umluft 160 Grad) vorheizen. Die Backform mit Backpapier auslegen. Schokolade in Stücke brechen. Zusammen mit der Butter in einer Metallschüssel im Wasserbad (oder in der Mikrowelle) schmelzen, dabei gelegentlich umrühren.

▪ Eier mit Zucker aufschlagen. Joghurt und Schokoladen-Butter-Mischung untermengen, Salz zufügen. Mehl mit Kakao und Backpulver mischen und darüber sieben. Zügig unterrühren. Zum Schluss die Nuss-Apfel-Mischung unterziehen.

▪ Den Teig gleichmäßig in die Backform geben. Im Backofen (mittlere Einschubleiste) etwa 25 bis 30 Min. backen. Abkühlen lassen, dann in Würfel schneiden.

Pro Stück:

1,3	BE
157	kcal
15 g	KH
8 g	F
4 g	E

Bunte Obstblumen – wie auf einer Sommerwiese

KLEINGEBÄCK

Bunte Obstblumen
für zehn Tortelett-Förmchen (⌀ 10 cm)

Pro Stück:

2,4	BE
171	kcal
28 g	KH
5 g	F
3 g	E

gelingt leicht

Teig

180 g	Mehl (Type 405)
1 Msp	Backpulver
40 g	Zucker
¼	Fläschchen Vanillearoma
100 g	Halbfettmargarine

Belag

1 Ds.	Mandarinen (Abtropfgewicht 175 g)
2	Kiwis
300 g	Erdbeeren
1 Pck.	Dessert-Soßenpulver, ohne Kochen (Vanillegeschmack)
150 ml	Milch (1,5 %)
1 Pck.	Tortenguss, klar
	Süßstoff, flüssig

▪ Mehl mit Backpulver mischen. Zucker, Aroma, 2 EL Wasser und Margarine hinzufügen und zu einem Teig verkneten. Teig in Frischhaltefolie gewickelt etwa 30 Min. kalt stellen.

▪ Zehn Tortelett-Förmchen einfetten, Backofen auf 200 Grad (Umluft 180 Grad) vorheizen. Die Mandarinen abtropfen lassen, dabei den Saft auffangen. Kiwis schälen, halbieren und in Scheiben schneiden. Erdbeeren waschen, putzen und halbieren.

▪ Teig in 10 Stücke teilen und in die Förmchen drücken. Böden mehrmals einstechen. Förmchen im Ofen (unterste Einschubleiste) 10 bis 15 Min. backen. Böden sofort aus der Form nehmen und auf einem Kuchenrost erkalten lassen.

▪ Soßenpulver nach Packungsanleitung, aber nur mit 150 ml Milch, zubereiten. Creme auf den Böden verteilen, mit dem Obst blütenförmig belegen. Aus Tortengusspulver, 125 ml Mandarinensaft (evtl. mit Wasser auffüllen) und 125 ml Wasser einen Guss (ohne Zucker) zubereiten, mit Süßstoff süßen. Das Obst damit überziehen.

zubereiten: 40 Min.
ruhen: 30 Min.
backen: ca. 15 Min.

Rhabarber-Taschen

für zwei Backbleche – ergibt 12 Stücke

- Das Mehl in eine Schüssel geben, in die Mitte eine Vertiefung drücken. Hefe in etwas Milch und 1 TL Zucker auflösen und Mischung in die Vertiefung geben, mit etwas Mehl vom Rand bestäuben. Zugedeckt an einem warmen Ort 15 Min. gehen lassen.

- Übrigen Zucker, restliche Milch, Butter und Salz mit dem Vorteig zu einem glatten Teig verkneten. Den Teig zugedeckt so lange gehen lassen, bis er sich sichtbar vergrößert hat. Rhabarber waschen, putzen und in 2 cm lange Stücke schneiden. Mit 150 ml Wasser und Vanillinzucker aufkochen lassen, in einem Sieb abtropfen lassen. Rhabarber mit Quark vermengen, Süßstoff und Vanillearoma hinzugeben.

- Ei trennen. Den Teig dünn, 12 Kreise (∅ 12 cm) ausstechen, die Ränder mit verquirltem Eiweiß bestreichen. Etwas Rhabarber-Quark auf eine Hälfte geben, zusammenklappen und die Ränder gut andrücken. Backofen auf 200 Grad vorheizen. Teilchen zugedeckt 10 Min. ruhen lassen, Taschen mit Eigelb-Milch bestreichen. Im Ofen (mittlere Einschubleiste) 20 bis 25 Min. goldbraun backen.

braucht etwas Zeit

250 g	Mehl (Type 405)
½	Würfel Hefe
150 ml	Milch (1,5 % Fett), lauwarm
30 g	Zucker
40 g	Butter
1	Prise Salz
350 g	Rhabarber
1 Pck.	Vanillinzucker
125 g	Magerquark
	Süßstoff, flüssig
¼	Fläschchen Vanillearoma

zum Bestreichen

1	Ei
1 EL	Milch

zubereiten: 40 Min.
ruhen: ca. 60 Min.
backen: ca. 25 Min.

Pro Stück:

1,6 BE
134 kcal
19 g KH
4 g F
5 g E

Tarte tatin – eine Wonne an kalten Tagen

Tarte tatin

für eine Tarteform (∅ 26 cm) – ergibt 16 Stücke

mit Pfiff

Teig
150 g	Weizenmehl (Type 1050)
2 TL	Puderzucker
1 Pck.	Vanillinzucker
1 TL	Zimt
1	Prise Salz
1	Ei
80 g	Halbfettbutter

Belag
2 kg	Äpfel
60 g	Butter
60 g	Zucker
	Zimt zum Bestäuben

zubereiten: 30 Min.
kühlen: 45 Min.
backen: 45 Min.

▌ Für den Teig das Mehl mit Puderzucker, Vanillinzucker und Zimt vermengen. Salz, Ei, 5 EL Wasser und Halbfettbutter hinzufügen und zu einem glatten Teig verkneten. Den Teig ca. 45 Min. kühl stellen.

▌ Für den Belag Äpfel schälen, vierteln und entkernen. Die Form mit der Butter einfetten und mit dem Zucker bestreuen. Die Apfelviertel dicht nebeneinander in die Form geben und auf eine Herdplatte stellen. Den Zucker bei mäßiger Hitze karamellisieren lassen.

▌ Den Teig in Größe der Tarteform ausrollen und auf die Äpfel legen. Die Form in den kalten Backofen (mittlere Einschubleiste) schieben und die Tarte bei 200 Grad (Umluft 180 Grad) etwa 45 min. backen.

▌ Nach dem Backen den Rand der Tarte vorsichtig mit einem Messer lösen. Abkühlen lassen und dann aus der Form stürzen. Mit etwas Zimt bestäuben.

Pro Stück:

2,1 BE
166 kcal
26 g KH
6 g F
2 g E

Glühweinkuchen – da wird einem warm ums Herz

Winterlicher Glühweinkuchen
für eine Gugelhupfform (Ø 20 cm) – ergibt 20 Stücke

- Den Backofen auf 180 Grad (Umluft 160 Grad) vorheizen. Die Gugelhupfform dünn einfetten, mit etwas Grieß ausstreuen. Eier trennen.
- Für den Teig die Butter, Honig und Eigelbe cremig rühren. Mehl mit Backpulver und Zimt mischen und abwechselnd mit Wein und Nüssen zu der Buttermasse geben. Alles zu einem glatten Teig verarbeiten, Schokolade unterheben, mit Süßstoff abschmecken.
- Eiweiße mit Salz steif schlagen und vorsichtig unter den Teig heben. Den Teig in die Form füllen. Im Ofen (untere Einschubleiste) ca. 50 Min. backen.

Pro Stück:

1,2 BE
158 kcal
15 g KH
9 g F
4 g E

geht schnell

2	Eier
150 g	Halbfettbutter
100 g	Honig
250 g	Mehl (Type 405)
3 TL	Backpulver
2 TL	Zimt, gemahlen
100 ml	Glühwein
150 g	Haselnüsse, gemahlen
50 g	Schokolade, geraspelt
	Süßstoff, flüssig
1	Prise Salz

außerdem

Fett und Grieß für die Form

zubereiten: 20 Min.
backen: 50 Min.

93

Nougat-Marzipan-Kuchen – da kann nicht mal der Nikolaus widerstehen

Nougat-Marzipan-Kuchen
für eine Kastenform (25 cm) – ergibt 20 Stücke

geht schnell

100 g	Marzipanrohmasse
100 g	Nussnougat
200 g	Halbfettbutter
3	Eier
3 TL	Zimt, gemahlen
250 g	Mehl (Type 405)
2 TL	Backpulver
4 EL	Milch (1,5 % Fett)

außerdem

Fett für die Form

zubereiten: 30 Min.
backen: ca. 50 Min.

- Backofen auf 175 Grad (Umluft 150 Grad) vorheizen, Backform einfetten. Marzipan fein reiben. Nougat klein schneiden und leicht erwärmen.

- Die Butter cremig rühren, nach und nach die Eier, Nougat, Marzipan und Zimt unterrühren. Mehl mit Backpulver mischen und abwechselnd mit der Milch unter die Buttermasse rühren.

- Den Teig in die Form füllen. Im Ofen (mittlere Einschubleiste) 45 bis 50 Min. backen, evtl. nach 25 Min. mit Alufolie abdecken. Den Kuchen 10 Min. in der Form auskühlen lassen, dann aus der Form lösen.

Pro Stück:

1,2 BE
142 kcal
14 g KH
8 g F
4 g E

Gewürzkuchen – reine Sinnesfreude

Gewürzkuchen

für eine Springform (Ø 24 cm) – ergibt 12 Stücke

Pro Stück:

| 3 BE |
| 257 kcal |
| 36 g KH |
| 10 g F |
| 5 g E |

- Backofen auf 175 Grad (Umluft 150 Grad) vorheizen. Feigen und Datteln hacken. Margarine mit Zucker, Honig, Orangenschale und Salz schaumig rühren, die Eier einzeln unterrühren. Mehl mit Backpulver und den Gewürzen mischen und unter die Margarinemasse rühren. Gehackte Früchte unterheben.

- Den Teig in eine mit Backpapier ausgelegte Springform füllen. Im Ofen (untere Einschubleiste) ca. 60 Min. backen. Die Marmelade mit etwas Wasser unter Rühren erwärmen und den noch warmen Kuchen damit bestreichen. Mit gehackten Mandeln bestreuen, mit Zimtstangen dekorieren.

Tipp Anstelle der Orangenmarmelade können Sie auch Ingwermarmelade verwenden.

gelingt leicht

50 g	Feigen, getrocknet
50 g	Datteln, getrocknet
100 g	Margarine
50 g	Zucker
80 g	Honig
1 TL	Orangenschale
1	Prise Salz
3	Eier
300 g	Mehl (Type 405)
2 TL	Backpulver
1 TL	Zimt, gem.
1 TL	Kardamom, gemahlen
½ TL	Nelken, gem.
½ TL	Ingwer, gem.
1 TL	Piment, gem.
3 EL	Orangenmarmelade
30 g	Mandeln, gehackt
	Zimtstangen

zubereiten: 25 Min.
backen: ca. 60 Min.

Früchtemix – gesunder Winterschmaus

Weihnachtlicher Früchtemix
für eine Kastenform (30 cm) – ergibt 20 Stücke

braucht etwas Zeit

250 g	Aprikosen, getrocknet
100 g	Sultaninen
100 g	Äpfel, getrocknet
100 g	Feigen, getr.
120 g	Haselnüsse, gehackt
50 g	brauner Zucker
1 TL	Zimt, gem.
½ TL	Natron
250 g	Mehl (Type 1050)
1 ½ TL	Backpulver
2	Eier
1	Prise Salz
½	Fläschchen Butter-Vanil-le-Backaroma
2 EL	Rum

außerdem

Fett, Grieß

zubereiten: 40 Min.
backen: 60 Min.

▌ Alle Trockenfrüchte fein hacken. Mit den Haselnüssen, Zucker, Zimt und Natron in einen Topf geben, mit 250 ml Wasser aufgießen, alles aufkochen und fünf Min. köcheln lassen. Den Backofen auf 180 Grad (Umluft 160 Grad) vorheizen. Die Form ausfetten und mit Grieß ausstreuen.

▌ Mehl mit Backpulver mischen, über die Fruchtmasse sieben und untermengen. Die Eier mit Salz und Vanillearoma schaumig schlagen, mit dem Rum unter die Frucht-Mehl-Masse mengen.

▌ Den Teig in die Form füllen, glatt streichen und 60 Min. backen. Den Kuchen auf ein Kuchengitter setzen und vollständig auskühlen lassen. In Folie wickeln und in einer luftdichten Dose mind. eine Woche reifen lassen.

Tipp

Schmeckt nach einem Monat Reifezeit besonders gut.

Pro Stück:

2,3 BE
170 kcal
27 g KH
4 g F
4 g E

Spekulatiustorte – alle Jahre wieder

Spekulatiustorte

für eine Springform (⌀ 26 cm) – ergibt 16 Stücke

Pro Stück:

1,2 BE
157 kcal
14 g KH
10 g F
3 g E

gelingt leicht

Teig

100 g	Halbfett-butter
70 g	Zucker
1 Pck.	Vanillin-zucker
2 EL	Milch (1,5 %)
1	Prise Salz
3	Eier
100 g	Mehl (Type 1050)
50 g	Haselnuss-kerne, gemahlen
1 TL	Backpulver
1 TL	Zimt, gemahlen

Belag

80 g	Gewürzspe-kulatius
1 TL	Zimt, gem.
250 g	Schlagcreme (z. B. Rama Cremefine zum Schlagen) Kakaopulver

▌ Backofen auf 180 Grad (Umluft 160 Grad) vorheizen. Die Butter schaumig rühren. Nach und nach Zucker, Vanillinzucker, Milch und Salz unterrühren. So lange rühren, bis eine gebundene Masse entsteht. Die Eier einzeln unterrühren.

▌ Mehl mit Haselnüssen und Backpulver mischen, löffelweise unter die Butter-Zucker-Masse rühren. Den Teig in eine mit Backpapier ausgelegte Springform füllen und glatt streichen. Im Ofen (mittlere Einschubleiste) 25 bis 30 Min. backen. Tortenboden aus der Form lösen, abkühlen lassen.

▌ Spekulatius in einen Gefrierbeutel füllen und zerbröseln. Schlagcreme steif schlagen, die Brösel mit Zimt mischen und unterheben, evtl. mit Süßstoff nachsüßen. Einen Tortenring um den Tortenboden legen, Creme auf den Boden streichen. Torte mind. 1 Stunde kalt stellen.

▌ Mit Kakaopulver einen Stern (Schablone aus Pergament- oder Backpapier) auf die Tortenmitte stäuben, mit Spekulatiusstücken verzieren.

zubereiten: 35 Min.
backen: ca. 30 Min.
kühlen: 1 Stunde

Lebkuchen – fettarm und doch so lecker

Lebkuchen
für ein Backblech – ergibt 30 Stücke

- Die Eier trennen. Die Eiweiße mit Salz steif schlagen. Die Butter mit Honig, Eigelben, Rum und Milch schaumig rühren. Das Mehl mit Gewürzen, Backpulver und Kakaopulver mischen. Den Backofen auf 200 Grad (Umluft 180 Grad) vorheizen. Ein Backblech mit Backpapier auslegen.

- Die Mehlgewürzmischung mit dem Butter-Honig-Gemisch verrühren. Den Eischnee unterheben. Den Teig eventuell mit etwas flüssigem Süßstoff abschmecken. Die Masse gleichmäßig auf das Backblech streichen. Mandelsplitter über den Teig streuen.

- Im Ofen (mittlere Einschubleiste) ca. 20 Min. backen. Den Lebkuchen in gleichmäßige Rauten schneiden.

Tipp
Als Garnitur feine Linien mit flüssiger Kuvertüre ziehen.

Pro Stück:

0,7 BE
84 kcal
9 g KH
4 g F
3 g E

gelingt leicht

2	Eier
1	Prise Salz
100 g	Halbfettbutter
100 g	Honig
2 EL	Rum
3 EL	Milch (1,5 % Fett)
300 g	Weizenvollkornmehl
1 TL	Zimt, gemahlen
3 TL	Lebkuchengewürz
½ Pck.	Backpulver
20 g	Kakaopulver
	Süßstoff, flüssig
100 g	Mandelsplitter

zubereiten: 25 Min.
backen: 20 Min.

99

Walnusskuchen – für alle Nussknacker

WEIHNACHTLICHES

Walnusskuchen

für eine Springform (⌀ 26 cm) – ergibt 16 Stücke

Pro Stück:

2,2	BE
255	kcal
27 g	KH
14 g	F
5 g	E

braucht etwas Zeit

Teig

250 g	Mehl (Type 405)
1 Msp	Backpulver
50 g	Zucker
1	Prise Salz
1 Pck.	Vanillinzucker
125 g	Halbfettbutter
1	Ei

Füllung

250 g	Walnusskerne
50 g	Zucker
200 ml	Kondensmilch (4 % Fett)

zur Dekoration

16	Walnusskernhälften Puderzucker zum Bestäuben

▌ Aus Mehl, Backpulver, Zucker, Salz, Vanillinzucker, Butter und Ei einen glatten Teig kneten und ca. 45 Min. im Kühlschrank ruhen lassen. Walnüsse grob hacken. Zucker in einem Topf unter Rühren schmelzen lassen. Wenn er sich gelblich färbt, die Kondensmilch (bis auf 1 EL) zufügen und erhitzen. Nüsse unterrühren und abkühlen lassen.

▌ Backofen auf 175 Grad (Umluft 150 Grad) vorheizen, Backform mit Backpapier auslegen. Den Teig in eine etwas größere und eine kleinere Portion teilen. Die größere Teigportion in die Springform drücken und einen Rand hochziehen. Tortenboden mehrmals einstechen. Restlichen Teig zu einer Platte von etwa 26 cm ausrollen.

▌ Nussmasse auf dem Teigboden verteilen, Teigdecke darüber legen und an den Teigrand drücken. Teigdecke mehrfach mit einer Gabel einstechen und mit der restlichen Kondensmilch bestreichen. Im Ofen (mittlere Einschubleiste) 40 Min. backen. Vor dem Servieren mit Puderzucker bestäuben und mit Walnüssen belegen.

zubereiten: 60 Min.
ruhen: 45 Min.
backen: 40 Min.

100

Weiße Vanillekipferl – am besten wenn's schneit

Weiße Vanillekipferl

für zwei Backbleche – ergibt 35 Stücke

gelingt leicht

100 g	blanchierte Mandeln, gemahlen
200 g	Mehl (Type 405)
1	Prise Salz
100 g	Halbfettbutter
100 g	Vanillejoghurt (1,5 % Fett)
40 g	Puderzucker
1 Pck.	Vanillinzucker
1 Pck.	Bourbonvanille-Aroma (z. B. von Dr. Oetker)

außerdem

Puderzucker, Vanillinzucker

zubereiten: 15 Min.
kühlen: 60 Min.
backen: 12 Min.

- Die gemahlenen Mandeln mit Mehl und Salz mischen. Halbfettbutter, Vanillejoghurt, Puderzucker, Vanillinzucker und Bourbonvanille dazugeben und rasch von Hand zu einem Teig verkneten. Für 1 Stunde kalt stellen.

- Den Backofen auf 180 Grad (Umluft 160 Grad) vorheizen. Zwei Backbleche mit Backpapier auslegen. Aus dem gekühlten Teig 1 cm dicke Rollen formen. Diese in etwa 5 cm lange Stücke schneiden, zu Halbmonden formen, die an den Enden etwas dünner zulaufen, mit Abstand auf das Backblech legen.

- Im Ofen (mittlere Einschubleiste) etwa 12 Min. backen. Puderzucker und Vanillinzucker vermengen und über die noch heißen Kipferl sieben.

Pro Stück:

0,5 BE
53 kcal
6 g KH
3 g F
1 g E

Nussmakronen – winterliches Naschvergnügen

Nussmakronen
für zwei Backbleche – ergibt ca. 45 Stücke

- Nüsse, Zimt und Vanillearoma mischen. Den Backofen auf 180 Grad (Umluft 160 Grad) vorheizen. Die Backbleche mit Backpapier auslegen.
- Eiweiße mit einer Prise Salz steif schlagen. Unter Weiterschlagen den Zitronensaft und Puderzucker hinzugeben, bis die Masse glänzt.
- Die Nussmischung unterheben. Mit zwei Teelöffeln kleine Häufchen von der Masse abstechen und auf das Backblech setzen. Im Ofen (untere Einschubleiste) ca. 20 Min. backen.

Tipp
Als weihnachtliches Mitbringsel die Makronen in kleine bunte Aluförmchen setzen.

Pro Stück:

0,2 BE
52 kcal
3 g KH
4 g F
1 g E

geht schnell

150 g	Haselnüsse, gemahlen
150 g	Walnüsse, gemahlen
1 TL	Zimt, gemahlen
1 Pck.	Bourbon-vanille-Aroma (z. B. von Dr. Oetker)
4	Eiweiße
1	Prise Salz
2 TL	Zitronensaft
80 g	Puderzucker

zubereiten: 20 Min.
backen: 20 Min.

Schoko-Zimt-Sterne – da leuchten nicht nur Kinderaugen

Schoko-Zimt-Sterne

für zwei Backbleche – ergibt ca. 60 Stücke

gelingt leicht

180 g	Halbfettmargarine
70 g	Zucker
220 g	Mehl (Type 405)
	Prise Salz
2 TL	Zimt, gemahlen
60 g	Zartbitter-Kuvertüre

außerdem

        Mehl zum Ausrollen

zubereiten: 60 Min.
backen: ca. 15 Min.

Pro Stück:

0,3 BE
33 kcal
4 g KH
2 g F
0,5 g E

- Margarine und Zucker schaumig rühren. Mehl mit Salz und Zimt mischen und unterrühren. Backofen auf 180 Grad (Umluft 150 Grad) vorheizen. Teig portionsweise auf einer leicht bemehlten Arbeitsfläche ca. 3 mm dick ausrollen, zu Sternen (ca. 5 cm groß) ausstechen.

- Sterne auf ein mit Backpapier ausgelegtes Backblech legen. Im Ofen (mittlere Einschubleiste) blechweise 12 bis 15 Min. backen. Auskühlen lassen. Kuvertüre hacken, im Wasserbad schmelzen. Die Sterne mit Schokoladenlinien überziehen.

Olivenschnecken – damit werden Gäste verwöhnt

PIKANTES

Pro Stück:

1,6	BE
124	kcal
19 g	KH
9 g	F
6 g	E

Olivenschnecken
für ein Backblech – ergibt 20 Stücke

braucht etwas Zeit

Teig

350 g	Mehl (Type 405)
150 g	Roggenmehl (Type 1150)
1	Würfel Hefe
⅛ l	Wasser, lauwarm
1	Prise Zucker
1 TL	Salz
375 ml	Buttermilch

Füllung

1	Bund Basilikum
1	Knoblauch- zehe
100 g	Schafskäse
50 g	schwarze Oliven, entsteint
100 g	Magerquark
2	Eier

zubereiten: 45 Min.
ruhen: 60 Min.
backen: ca. 30 Min.

▪ Mehl mischen, in eine Schüssel geben und in die Mitte eine Vertiefung drücken. Hefe in etwas lauwarmem Wasser auflösen, Zucker hinzufügen und in die Vertiefung geben. Mit Mehl bestäuben. Zugedeckt an einem warmen Ort 15 Min. gehen lassen.

▪ Übrige Zutaten hinzufügen und zu einem glatten Teig verkneten. Weitere 30 Min. zugedeckt gehen lassen, bis sich der Teig verdoppelt hat. Basilikum und Knoblauch fein hacken. Schafskäse und Oliven sehr fein würfeln. Mit Quark, 1 Ei, Basilikum und Knoblauch verrühren.

▪ Backofen auf 200 Grad (Umluft 180 Grad) vorheizen. Teig auf einer leicht bemehlten Arbeitsfläche ausrollen (40×30 cm). Die Füllung aufstreichen, unten 2 cm frei lassen. Teig von der langen Seite her dicht aufrollen, in 20 Scheiben schneiden und auf ein mit Backpapier belegtes Backblech geben und leicht flach drücken.

▪ Das zweite Ei verquirlen, Schnecken damit bestreichen und zugedeckt ca. 15 Min. gehen lassen. Im Ofen (mittlere Einschubleiste) 25 bis 30 Min. backen.

PIKANTES

Kürbis-Tarte – für Halloween und andere Feste

Kürbis-Tarte

für eine Tarteform (∅ 28 cm) – ergibt 16 Stücke

gelingt leicht

Teig
220 g	Mehl (Type 405)
1 TL	Backpulver
125 g	Halbfettmargarine
1	Ei
1	Prise Salz

Belag
500 g	Kürbisfleisch
40 g	Sonnenblumen- oder Pinienkerne
50 g	geschälte Kürbiskerne
200 g	Schlagcreme zum Kochen
3	Eier
3 TL	Speisestärke
	Pfeffer, Salz Muskatnuss

zubereiten: 50 Min.
ruhen: 30 Min.
backen: ca. 45 Min.

▌ Mehl mit Backpulver mischen, mit Margarine, Ei und Salz verkneten. Teig 30 Min. im Kühlschrank ruhen lassen. Kürbis in Spalten schneiden, Fruchtfleisch von der Schale lösen, Kerne entfernen und 500 g abwiegen. Kürbisfleisch klein würfeln, mit Pinien- und Kürbiskernen vermengen.

▌ Backofen auf 200 Grad (Umluft 180 Grad) vorheizen. Teig ausrollen, die mit Backpapier ausgelegte Tarteform damit auskleiden und den Boden mehrmals einstechen. Kürbismasse darauf verteilen.

▌ Für den Guss Schlagcreme mit den Eiern und Stärke verrühren, abschmecken und über den Belag gießen. Im Ofen (mittlere Einschubleiste) 40 bis 45 Min. backen.

Pro Stück:
1,1 BE
163 kcal
13 g KH
10 g F
5 g E

108

Lachs-Miniquiches – leckere Partyhappen

Lachs-Miniquiches
für 8 kleine Quicheförmchen (⌀ 10 cm)

- Mehl, Butter, Ei, Milch und Salz zu einem geschmeidigen Teig verkneten, 30 Min. kalt stellen. Lauch putzen, längs aufschneiden, waschen und in Streifen schneiden. Mit etwas Wasser bei mittlerer Hitze 5 Min. dünsten. In einem Sieb abtropfen lassen. Lachs in Streifen schneiden.

- Förmchen einfetten, Backofen auf 200 Grad (Umluft 175 Grad) vorheizen. Eier mit Crème fraîche verrühren, Lauch und Lachs untermengen. Mit Pfeffer, Salz, Muskat und Zitronensaft abschmecken.

- Den Teig in 8 Portionen teilen, jede Portion leicht ausrollen und die Förmchen damit auslegen. Die Lachs-Lauch-Masse einfüllen. Im Ofen (mittlere Einschubleiste) 25 bis 30 Min. goldbraun backen.

Pro Stück:

1,8 BE
260 kcal
21 g KH
12 g F
17 g E

mit Pfiff

220 g	Mehl (Type 1050)
100 g	Halbfettbutter, kalt
1	Ei
2–3 EL	Milch (1,5 %)
½ TL	Salz
400 g	Lauch
200 g	Räucherlachs, in dünnen Scheiben
2	Eier
4 EL	Crème fraîche légère
	Pfeffer, Salz
	Muskatnuss
	Zitronensaft

außerdem

Fett für die Förmchen

zubereiten: 40 Min.
ruhen: 30 Min.
backen: ca. 30 Min.

Pizzaecken Toskana – immer dann, wenn Besuch kommt

Pizzaecken Toskana

für ein Backblech – ergibt 8 Stücke

PIKANTES

gelingt leicht

200 g	Mehl (Type 405)
1 TL	Salz
10 g	Hefe
100 ml	Wasser, lauwarm
4 EL	Olivenöl
2	Knoblauchzehen
3 EL	Tomaten, passiert (aus dem Tetrapack)
2 EL	frische Basilikumblätter, grob gehackt
	Salz
	Pfeffer

zubereiten: 20 Min.
ruhen: 60 Min.
backen: 12 Min.

- Das Mehl mit dem Salz verrühren. Die Hefe zerbröseln und in dem Wasser auflösen. Mit 2 EL Öl zum Mehl geben und zu einem Teig verkneten. Den Teig zugedeckt ca. 1 Stunde an einem warmen Ort gehen lassen.

- Den Backofen auf 220 Grad (Umluft 200 Grad) vorheizen. Ein Backblech mit Backpapier auslegen. Die Knoblauchzehen schälen und sehr fein hacken. Die Tomaten mit dem Knoblauch und 1 EL Basilikum mischen, mit Salz und Pfeffer abschmecken.

- Den Teig nochmals gut durchkneten und zu einem dünnen Fladen ausrollen, dabei den Rand ein wenig höher formen. Auf das Backblech legen, Tomatenmasse darauf streichen, das restliche Olivenöl darüber träufeln.

- Im Ofen (mittlere Einschubleiste) ca. 12 Min. backen. Mit dem restlichen Basilikum bestreuen. Die Pizza in acht Stücke schneiden.

Pro Stück:

1,5 BE
132 kcal
18 g KH
5 g F
3 g E

Focaccia – erinnert an den letzten Italienurlaub

Focaccia
für zwei Backbleche – ergibt 6 kleine Fladen

Pro Stück:

4	BE
346	kcal
48 g	KH
13 g	F
8 g	E

gelingt leicht

Teig
400 g	Mehl (Type 405)
1 TL	Salz
20 g	Hefe
6 EL	Olivenöl
1 EL	gehackte Rosmarinnadeln
20 g	Pinienkerne, grob gehackt
50 g	Oliven, ohne Kern

außerdem
Mehl zum Ausrollen
Meersalz zum Bestreuen

zubereiten: 15 Min.
ruhen: 60 Min.
backen: 20 Min.

- Das Mehl mit dem Salz vermischen. Die Hefe zerbröseln und mit 200 ml Wasser verrühren, mit vier EL Öl zum Mehl geben und zu einem glatten Teig verkneten. Den Teig abgedeckt an einem warmen Ort etwa eine Stunde gehen lassen (bis er sich verdoppelt hat).

- Den Backofen auf 220 Grad (Umluft 200 Grad) vorheizen. Ein Backblech mit Backpapier auslegen. Die Oliven in feine Ringe schneiden. Rosmarin, Pinienkerne und Oliven unter den Teig kneten.

- Den Teig in sechs Teile teilen, auf einer bemehlten Arbeitsfläche zu kleinen Fladen ausrollen. Auf die Backbleche legen und kleine Mulden in die Oberfläche drücken. Mit restlichem Olivenöl beträufeln und nochmals 10 Min. gehen lassen.

- Nach Belieben mit Meersalz bestreuen. Die Fladen im Ofen (mittlere Einschubleiste) 20 Min. backen.

PIKANTES

112

Käse-Kräuter-Muffins – gehören auf jedes Büfett

Käse-Kräuter-Muffins
für eine Muffinform – ergibt 12 Stücke

- Den Backofen auf 200 Grad (Umluft 180 Grad) vorheizen. Papierförmchen in die Muffinform setzen.
- Das Mehl mit Backpulver, Kräutern und Parmesan mischen. Das Ei zusammen mit der Buttermilch schaumig schlagen, Öl hinzufügen und die Mehlmischung löffelweise dazurühren. Mit Salz und Pfeffer abschmecken.
- Den Teig gleichmäßig in die Muffinform verteilen. Im Ofen (mittlere Einschubleiste) ca. 20 Min. backen.

Tipp Dazu passt ein großer gemischter Salat.

Pro Stück:

1,3 BE
129 kcal
16 g KH
4 g F
6 g E

gut einzufrieren

Teig
250 g	Dinkelmehl
3 TL	Backpulver
1 Pck.	gemischte Kräuter (TK, gehackt)
100 g	Parmesan, fein gerieben
1	Ei
250 ml	Buttermilch
1 EL	Rapsöl
	Salz
	Pfeffer

außerdem
Papierförmchen

zubereiten: 10 Min.
backen: 20 Min.

Flammkuchen – unwiderstehlicher Knusperspaß

Flammkuchen

für ein Backblech – ergibt 6 Stücke

gelingt leicht

Teig
- 10 g frische Hefe
- 3 EL Milch (1,5 % Fett)
- 150 g Weizenmehl (Type 405)
- 3 EL Weißwein, trocken
- 1 Prise Salz

Belag
- 1 große Zwiebel
- 100 g Frischkäse (Rahmstufe, z. B. Exquisa Joghurt Natur)
- 100 g saure Sahne
- 100 g Hüttenkäse (körniger Frischkäse) Salz, Pfeffer Muskat
- 50 g geräucherter Schinkenspeck, in feinen Streifen

▪ Die Hefe zerbröseln und in 3 EL Wasser und der Milch verrühren. Mehl, Weißwein und Salz hinzufügen und zu einem Teig kneten. Mit einem Tuch abdecken und 30 Min. ruhen lassen.

▪ Backofen auf 200 Grad vorheizen (Umluft 180 Grad). Ein Backblech mit Backpapier auslegen. Zwiebel schälen, halbieren und in dünne Streifen schneiden. Frischkäse, saure Sahne und Hüttenkäse vermischen. Mit Salz, Pfeffer und Muskatnuss abschmecken.

▪ Den Teig dünn ausrollen auf das Backblech legen und die Frischkäsemasse darauf verteilen. Zwiebeln und Speck darauf streuen. Im heißen Ofen (untere Einschubleiste) ca. 15 Min. backen, bis der Teig knusprig ist. Flammkuchen in 6 Stücke teilen und warm servieren.

zubereiten: 15 Min.
ruhen: 60 Min.
backen: 15 Min.

Pro Stück:

1,7 BE
172 kcal
20 g KH
6 g F
9 g E

PIKANTES

Spinat-Käse-Taschen
für ein Backblech – ergibt 10 Taschen

- Mehl und Backpulver mischen. Quark, Milch, Butter und Salz hinzufügen, zu einem glatten Teig verkneten. Zwiebel schälen und in Würfel schneiden. Zwiebelwürfel im Öl glasig anbraten. Spinat zufügen und 5 Min. dünsten. Schafskäse zerbröseln, unter den Spinat mischen. Mit Salz und Pfeffer würzen.

- Backofen auf 200 Grad (Umluft 175 Grad) vorheizen. Den Teig durchkneten, in 10 Portionen teilen. Jede Portion auf einer leicht bemehlten Arbeitsfläche zu einem Kreis ausrollen (Ø 15 cm). Spinat-Käse-Mischung in die Mitte der Kreise geben.

- Das Ei trennen, Teigränder mit Eiweiß bestreichen. Teig zusammenklappen, Ränder festdrücken.

- Die Teigtaschen auf ein mit Backpapier ausgelegtes Backblech setzen, das Eigelb verquirlen und die Täschchen damit bestreichen. Mit Sesam bestreuen. Im Ofen (mittlere Einschubleiste) 20 bis 25 Min. goldbraun backen.

Pro Stück:

2 BE
219 kcal
24 g KH
9 g F
10 g E

gelingt leicht
Teig

300 g	Mehl (Type 405)
1 Pck.	Backpulver
150 g	Magerquark
5 EL	Milch (1,5 % Fett)
60 g	Butter, weich
½ TL	Salz

Füllung

1	kleine Zwiebel
1 EL	Pflanzenöl
400 g	Spinat, gehackt (frisch oder TK aufgetaut)
150 g	Schafskäse 45 % F. i. Tr.
	Salz, Pfeffer
1	Ei
3 EL	Sesamsamen

zubereiten: 40 Min.
backen: ca. 25 Min.

Forellen-Pizettes – für Gourmets

PIKANTES

Forellen Pizettes

für ein Backblech – ergibt 12 Stücke

braucht etwas Zeit

Teig

190 g	Mehl (Type 405)
½ TL	Salz
4 EL	Olivenöl
10 g	Hefe
125 ml	Wasser, lauwarm
2 EL	Schnittlauchröllchen

Belag

200 g	Forellenfilet, geräuchert
4 EL	Crème fraîche légère

außerdem

Dill

Roter Kaviar

zubereiten: 15 Min.
ruhen: 70 Min.
backen: 15 Min.

▮ Mehl mit Salz und Öl mischen. Die Hefe zerbröseln und in dem Wasser verrühren. Zum Mehl geben, Schnittlauch hinzufügen und alles gut verkneten. Den Teig zugedeckt ca. 1 Stunde an einem warmen Ort gehen lassen.

▮ Den Backofen auf 220 Grad (Umluft 200 Grad) vorheizen. Backblech mit Backpapier auslegen. Teig etwa 3 mm dick ausrollen. Mit einer Form ca. 8 cm große Kreise ausstechen, mit Abstand auf dem Blech verteilen, mit einer Gabel mehrmals einstechen, noch mal 10 Min. gehen lassen.

▮ Im Ofen (mittlere Einschubleiste) ca. 15 Min. backen. Forellenfilets in 12 Stücke schneiden und auf den Pizettes verteilen. Mit einem Tupfer Crème fraîche légère krönen. Darauf etwas roten Kaviar setzen und mit Dill garnieren.

Tipp Sofort warm servieren.

Pro Stück:

1	BE
108	kcal
11 g	KH
5 g	F
5 g	E

Pikante Partybrötchen – dürfen auf keiner Party fehlen

Pikante Partybrötchen
für zwei Backbleche – ergibt 16 kleine Brötchen

Pro Stück:
1 BE
121 kcal
12 g KH
6 g F
5 g E

mit Pfiff

Teig

150 g	Magerquark
6 EL	Rapsöl
6 EL	Milch (1,5 % Fett)
300 g	Vollkornmehl
1 Pck.	Backpulver
1 TL	Salz

Füllung

100 g	Käse, gerieben (z. B. Emmentaler 40 % F.i.Tr.)
1 EL	Schnittlauch, gehackt
4 EL	saure Sahne

zubereiten: 20 Min.
backen: 30 Min.

▍ Ein Backblech mit Backpapier auslegen. Den Quark mit Öl und Milch glatt rühren. Das Mehl mit dem Backpulver und dem Salz mischen, zu dem Quarkgemisch geben und alles zu einem geschmeidigen Teig verkneten. Aus dem Teig ca. 16 gleich große Kugeln formen und auf das Backblech setzen.

▍ Den Backofen auf 180 Grad (Umluft 160 Grad) vorheizen. Den geriebenen Käse mit Schnittlauch und saure Sahne vermengen. Die Brötchen kreuzweise einschneiden und vorsichtig mit jeweils einem Teelöffel der Käsemasse füllen. Im Ofen (mittlere Einschubleiste) ca. 30 Min. backen.

Schinkenhörnchen – wenn es mal herrlich deftig sein soll

Schinkenhörnchen
für ein Backblech – ergibt 8 Stücke

- Zwiebeln schälen und fein hacken, Schinken würfeln. Butter erhitzen und die Zwiebeln darin glasig braten, Schinken und Petersilie hinzufügen. Mit Pfeffer würzen, das verquirlte Ei unter die abgekühlte Masse rühren.

- Backofen auf 180 Grad (Umluft 160 Grad) vorheizen. Mehl mit Backpulver mischen. Quark, Milch, Öl, Eiweiß und Salz hinzufügen und zu einem glatten Teig verarbeiten. Den Teig durchkneten und auf einer bemehlten Arbeitsfläche zu einem Kreis ausrollen (Ø 35 cm), in 8 Dreiecke schneiden.

- Die Schinkenfüllung in die Mitte der Dreiecke verteilen, von der breiten Seite her zu Hörnchen aufrollen und auf ein mit Backpapier ausgelegtes Backblech legen. Eigelb mit der Milch verquirlen, Hörnchen damit bestreichen. Im Ofen (mittlere Einschubleiste) 15 bis 20 Min. backen.

Tipp Sie können die Hörnchen auch mit Hackfleisch füllen.

Pro Stück:

| 2 BE |
| 238 kcal |
| 25 g KH |
| 10 g F |
| 11 g E |

gut einzufrieren
Füllung
2	Zwiebeln
250 g	roher Schinken, mager
2 EL	Butter
2 EL	gehackte Petersilie
	Pfeffer
1	Ei

Teig
250 g	Mehl (Type 405)
3 TL	Backpulver
125 g	Magerquark
60 ml	Milch (1,5 % Fett)
40 ml	Pflanzenöl
1	Eiweiß
½ TL	Salz
	Eigelbmilch zum Bestreichen

zubereiten: 35 Min.
backen: ca. 20 Min.

Osterkranz – darf zu Ostern nicht fehlen

Osterkranz

für 1 Kranz – ergibt 20 Scheiben

Pro Stück:

2 BE
175 kcal
24 g KH
6 g F
5 g E

braucht etwas Zeit

500 g	Mehl (Type 405)
1	Würfel Hefe
¼ l	Milch (1,5 %), lauwarm
70 g	Zucker
	abgeriebene Zitronenschale
100 g	Halbfettbutter, weich
3	Eigelbe
1	Prise Salz
100 g	Mandeln, gemahlen

außerdem

	Mehl zum Ausrollen
1	Eigelb
2 EL	Milch (1,5 %)
2 EL	Hagelzucker

zubereiten: 45 Min.
ruhen: 90 Min.
backen: ca. 40 Min.

▪ Das Mehl in eine Schüssel geben, in die Mitte eine Vertiefung drücken. Hefe zerbröseln und in etwas lauwarmer Milch auflösen, 1 TL Zucker hinzufügen und in die Vertiefung geben, mit etwas Mehl vom Rand bestäuben. Zugedeckt an einem warmen Ort ca. 25 Min. gehen lassen.

▪ Restlichen Zucker, übrige Milch, Zitronenschale, Butter, Eigelbe, Salz und Mandeln mit dem Hefevorteig zu einem glatten Teig verkneten. Zugedeckt an einem warmen Ort ca. 45 Min. gehen lassen, bis sich das Volumen sichtbar vergrößert hat.

▪ Den Teig durchkneten, in 3 Portionenteilen und zu jeweils 50 cm langen Strängen rollen. Aus den Strängen einen Zopf flechten, diesen auf ein mit Backpapier belegtes Backblech legen und zu einem Kranz formen. Enden zusammendrücken.

▪ Den Kranz zugedeckt 20 Min. gehen lassen. Backofen auf 160 Grad (Umluft 140 Grad) vorheizen. Eigelb mit Milch verquirlen, den Kranz damit bestreichen. Mit Hagelzucker bestreuen. Im Ofen (mittlere Einschubleiste) 35 bis 40 Min. backen.

Champagner-Torte – für festliche Anlässe

Champagner-Torte
ergibt 16 Stücke

Pro Stück:

2,5 BE
228 kcal
30 g KH
8 g F
5 g E

- Von einem Tortenbodensatz rundherum einen Rand von ca. 3 cm abschneiden. Jeweils einen kleinen und einen großen Boden auf eine Tortenplatte setzen und mit einem Tortenring umschließen.

- Für die Füllung die Gelatine in kaltem Wasser einweichen. Aus dem Puddingpulver und der Milch nach Packungsanleitung (ohne Zucker) einen Pudding kochen, mit Süßstoff abschmecken. Die Gelatine leicht ausdrücken und unter Rühren in dem heißen Pudding auflösen. Champagner unterrühren. Abkühlen lassen.

- Schlagcreme mit Vanillinzucker steif schlagen, unter die lauwarme Champagnercreme heben. $^2/_3$ der Creme auf den großen vorbereiteten Boden, $^1/_3$ der Creme auf den kleinen Boden streichen, alles ca. 1 Stunde kalt stellen.

- Die zweiten Tortenböden, der Größe entsprechend, auf die Tortencremeschichten legen. Die kleinere Torte auf die größere setzen. Sahne mit Sahnesteif steif schlagen, die Torte damit rundherum bestreichen. Mit Kokosraspeln bestreuen, bis zum Verzehr kalt stellen.

mit Pfiff

2	Wiener Boden (hell, 2-lagig)
8 Blatt	Gelatine, weiß
2 Pck.	Vanillepuddingpulver
700 ml	Milch (1,5 %) Süßstoff, flüssig
400 ml	Champagner oder Sekt (trocken)
400 g	Schlagcreme (z. B. Rama Cremefine zum Schlagen)
1 Pck.	V.-Zucker
200 ml	Sahne
1 Pck.	Sahnesteif

außerdem

Kokosraspel

zubereiten: 45 Min.
kühlen: min. 1 Stunde

Fanta Geburtstagskuchen – die beliebte Geburtstagsüberraschung

FESTLICHES

Fanta Geburtstagskuchen

für eine Springform (⌀ 26 cm) – ergibt 16 Stücke

gelingt leicht

100 ml	Rapsöl
80 g	Zucker
1 Pck.	Vanillin-zucker
3	Eier
350 g	Mehl (Type 405)
½ Pck.	Backpulver
1 Pck.	geriebene Orangen-schale (z. B. Dr. Oetker Finesse)
1	Prise Salz
100 ml	Orangen-limonade, light (z. B. Fanta light)
2 Ds.	Mandarinen (Abtropf-gewicht à 175 g)

außerdem

50 g	Puderzucker
1 EL	Orangen-limonade, light

▎ Den Backofen auf 180 Grad (Umluft 160 Grad) vorheizen. Rapsöl, Zucker, Vanillinzucker und Eier schaumig rühren. Das Mehl mit dem Backpulver, der Orangenschale und einer Prise Salz mischen und zum Zucker-Ei-Gemisch geben. Die Fanta zufügen und alles zu einem geschmeidigen Teig verrühren.

▎ Die Mandarinen abtropfen lassen und vorsichtig unter den Teig heben. Die Masse in eine gefettete Springform geben. Im Ofen (mittlere Einschubleiste) etwa 45 Min. goldbraun backen. Auskühlen lassen.

▎ Puderzucker mit Fanta verrühren und den Kuchen damit bestreichen.

Tipp

Den Kuchen können Sie nach Herzenslust mit Kerzen, Lutschern, Gummibärchen oder Smarties dekorieren.

zubereiten: 20 Min.
backen: 65 Min.

Pro Stück:

2,4 BE	
199 kcal	
29 g KH	
8 g F	
4 g E	

Impressum

*Bibliografische Information
der Deutschen Nationalbibliothek*
Die Deutsche Nationalbibliothek verzeichnet diese Publikation in der Deutschen Nationalbibliografie; detaillierte bibliografische Daten sind im Internet
über http://dnb.d-nb.de abrufbar.

Programmplanung: Uta Spieldiener
Redaktion und Bildredaktion: Anja Fleischhauer
Umschlaggestaltung und Layout: CYCLUS Visuelle Kommunikation
Bildnachweis:
Fotos im Innenteil: Stock.xchng: 10, 12 oben, 13, 14, 15 außen, oben außen, 20 unten, 21, 23, 27, 42, 43, 53, 120
MEV: Seite 12 unten
Le Creuset: Seite 18
Pixelquelle: Seite 11, 108
CMA: Seite 50, 70, 112
Fridhelm Volk: Seite 4, 5, 6, 8, 9, 15 innen, 16, 17, 20 oben, 24, 25, 35, 39, 45, 49, 55, 57, 61, 63, 69, 73, 75, 82, 83, 87, 89, 97, 101, 105, 107, 110, 117, 123
Umschlagfoto und Seite 31: getty
Umschlagfoto hinten: Fridhelm Volk, Stuttgart
Umschlagfoto innen: Stock.xchng

© 2007 TRIAS Verlag in MVS Medizinverlage Stuttgart GmbH & Co. KG
Oswald-Hesse-Straße 50, 70469 Stuttgart

Printed in Germany

Satz: OADF Holzgerlingen
gesetzt in: InDesign
Druck: AZ Druck und Datentechnik GmbH

Gedruckt auf chlorfrei gebleichtem Papier

ISBN 978-3-83043358-3   2 3 4 5 6

Wichtiger Hinweis: Wie jede Wissenschaft ist die Medizin ständigen Entwicklungen unterworfen. Forschung und klinische Erfahrung erweitern unsere Erkenntnisse, insbesondere was Behandlung und medikamentöse Therapie anbelangt. Soweit in diesem Werk eine Dosierung oder eine Applikation erwähnt wird, darf der Leser zwar darauf vertrauen, dass Autoren, Herausgeber und Verlag große Sorgfalt darauf verwandt haben, dass diese Angabe dem **Wissensstand bei Fertigstellung des Werkes** entspricht.
Die Ratschläge und Empfehlungen dieses Buches wurden vom Autor und Verlag nach bestem Wissen und Gewissen erarbeitet und sorgfältig geprüft. Dennoch kann eine Garantie nicht übernommen werden. Eine Haftung des Autors, des Verlages oder seiner Beauftragten für Personen-, Sach- oder Vermögensschäden ist ausgeschlossen.

Geschützte Warennamen (Warenzeichen) werden nicht besonders kenntlich gemacht. Aus dem Fehlen eines solchen Hinweises kann also nicht geschlossen werden, dass es sich um einen freien Warennamen handelt.

Das Werk, einschließlich aller seiner Teile, ist urheberrechtlich geschützt. Jede Verwertung außerhalb der engen Grenzen des Urheberrechtsgesetzes ist ohne Zustimmung des Verlages unzulässig und strafbar. Das gilt insbesondere für Vervielfältigungen, Übersetzungen, Mikroverfilmungen und die Einspeicherung und Verarbeitung in elektronischen Systemen.

Das Kochbuch
= Schlemmen statt Diät

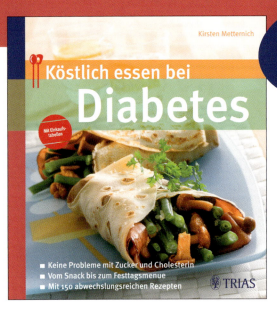

TRIAS verordnet Genuss

- Mit Rezepten und Kochideen, auf die Verlass ist
- Hier stimmt alles: Der Gehalt an Kohlenhydraten, Fetten und natürlich auch die optimale Mineralstoffzufuhr
- Ganz konkret: Anleitung zur Umstellung eigener Lieblingsrezepte

Kirsten Metternich
Köstlich essen bei Diabetes
176 Seiten, 140 Fotos
EUR 19,95 [D] / EUR 20,50 [A] / CHF 34,90
ISBN 978-3-8304-3296-8

In Ihrer Buchhandlung oder
bei TRIAS in
MVS Medizinverlage Stuttgart
Postfach 30 05 04
70445 Stuttgart

www.trias-gesundheit.de

Mit Liebe gekocht – die besten Baby-Breie

- Sorgfältiges Wissen, was ihr Baby wann braucht und um rechtzeitig Allergien vorzubeugen

- Über 50 schnelle und gesunde Rezepte: vom allerersten Brei bis hin zum einfachen Familien-essen

- Viele Ratschläge zu wichtigen Themen wie Getränke, Gewürze, Süßen, Bioprodukte etc.

Anne Iburg
Die besten Breie für Ihr Baby
96 Seiten, 40 Fotos
EUR 9,95 [D] / EUR 10,30 [A] / CHF 17,40
ISBN 978-3-8304-3350-7

In Ihrer Buchhandlung oder
bei TRIAS in
MVS Medizinverlage Stuttgart
Postfach 30 05 04
70445 Stuttgart

www.trias-gesundheit.de